Wilhelm Wieben

Wenn't Abend ward

Een plattdüütsch Leesbook

Verlag Boyens & Co.

ISBN 3-8042-0857-6

2. Auflage 2000

Umschlagfoto: Günter Pump
Herstellung: Boyens Offset, Heide
Printed in Germany

An Klaus Groth

Wennt' Abend ward,
Un still de Welt un still dat Hart;
Wenn möd up't Knee di liggt de Hand,
Un ut din Husklock an de Wand
Du hörst den Parpendikelslag,
De nich to Woort keem över Dag;
Wenn't Schummern in de Ecken liggt,
Un buten all de Nachtswulk flüggt;
Wenn denn noch eenmal kiekt de Sünn
Mit golden Schiin to't Finster rin,
Un, ehr de Slap kümmt un de Nacht,
Noch eenmal allens levt un lacht, –
Dat is so wat vör't Minschenhart,
Wenn't Abend ward.

De Welt is rein so sachen

De Welt is rein so sachen,
as leg' se deep in Droom –
man hört ni ween'n noch lachen,
se 's liesen as een Boom.

Se snackt man mank de Blæder,
as snackt een Kind in Slap,
dat sünd de Weegenleeder
vær Köh un stille Schap!

Nu liggt dat Dörp in Dunkeln
un Newel hangt dervær.
Man hört man eben munkeln
as keem 't vun Minschen her.

Man hört dat Veeh in 't Grasen,
un allens is in Fred',
sogar een schüchtern Hasen
sleep mi vær de Föt.

Een Abend in de Oper

In't Plattdüütsche sett' vun Wilhelm Wieben

Dat kümmt nich jeden Dag vör, dat ik mit mien Fru in de Oper gah, un meisttiets heff ik nich recht wat vun so'n Opführung, denn ik bün nervös un kann mien'n Grips nich op'n Padd holln. Al bi de Ouvertüre geiht mi fix wat dörch den Kopp, un geiht eerst de Vörhang op, so bün ik för allens üm un bi verloorn. Ward mien Fru dat denn gewahr, dat ik nich oppaß, stött se mi an. In uns jungen Johrn harr ik ehr mol togeven, dat ik bi'n „Rigoletto"-Abend meist mit dat Utklamüstern vun'n neeorigen Dosenöffner fardig wurn weer. Siet de Tiet acht mien Fru darop, dat ik in mien Gedanken keen dumm Tüüg maak.

Körtens op'n kolen Winderdag harrn wi ton eersten Mal Orchesterplätze, eerste Reeg. Glieks to Beginn vun de Vörstellung harr ik 'n Rippenstoot kregen, wieldat ik de in't Programmheft afbildten Damens 'n Boort anmolen dä. Nu keek ik vergnattert dal na dat Orchester. Mit een'n Slag gung mi do een ganz niede Welt op.

Mi maak dat ganz jibberi un meist krank, wat ik dar seh: den Geiger mit den Oboisten bi't Rietstekenspeel. Vun mien'n Frünnen nimmt dat keeneen gegen mi op, wieldat ik nich to dwingen bün. As de Oboe-Speeler, de ümmer verlieren dä, denn aver kott opkeek, kunn ik nich an mi holen: Ik nehm ganz sachen twee Finger hoch un düüt' em an, dat de Geiger twee Rietsteken in de Hand harr. „Twee", flüster de Oboe-Speeler – un harr wunnen. De Geiger leeg de Hannen op'n Rüüch. Ik beug mi vör un seeh, dat he een'n Rietsteken in de Hand heel. „Een", gev ik em dat Teken.

In dissen Ogenblick kreeg ik 'n origen Stoot in de Siet. Mien Fru seeh mi streng an. „Wat maakst du?"

zisch se. „Nix“, flüster ik un keek verdattert op dat Bühnenspeel. Darbi full mi op, dat ik gar nich mehr wuß, worüm dat dar vörn öberhaupt noch gung. Wedder full mien Blick dal in’t Orchester. De Fagott-Speeler seet direkt vör mi un haar een Krüüzwoortradel op sien’n Notenstänner. He söch een griechische Göttin, acht Bookstaven, de mit een P anfüng un een E an de veerte Stä harr. Ik befraag mien mythologisch Weeten: Patroklus gung nich, Parthenon all gar nich. Eenmol weer dat Woort to lang, un denn kunn ik uk nich beswörn, wat dat een Frunsminsch oder een Keerl weer. Dat Fagott dä dat eenzig Richtige: de Musiker reet een Eck vun sien Notenblatt af, kritzel dar op „Griechische Göttin, acht Buchstaben, erster P, vierter E“ un leet den Zettel rundgahn. Wenn een vun de Kollegen dat Stück Blatt in de Hand kreeg, leep een nadenkern Togg dör sien Gesicht, denn schüttkopp he un keek den Fagott-Speeler mit een groot Beduern an.

Eerst dat Waldhorn wuß Bescheed, schrev de Namen op den Zettel un leet em na den Fagott-Speeler torüchgahn, de in dat lerrige Feld nu dat Woort POSEIDON schrieven dä. Mi gung dat Hart bet to’n Hals. Ik keek na mien Fru, aver de harr ehr Ogen fast op de Bühne richt – ik reet een Blatt ut mien Programmheft un schreev: „Um Himmelswillen! Man verkohlt Sie! Poseidon war der Bruder des Zeus!“ Den tosamenknüllten Zettel smeet ik dal na den Musiker. „Wat schall dat bedüden?“ zisch mien Fru. „Ik verwarn em blots. He hett een Oktav to hooch speelt“, flüster ik un keek unschüllig op de Bühne.

„Du ahnungsloser Engel, du!“ reep Faust. Anstött vun Gounods Musik, full mi miteens de griechisch Gottesfru in. Ielig kritzel ik dat Woort „Penelope“ hin un smeet den Zettel na den Fagott-Speeler. Een’n Oogenblick later wies he mi, ik schull mi vörbögen. Denn schööf he mi 'n Zettel in'ne Hand. „Vielen Dank", stunn dar op, un wieder: „Kennen Sie auch eine Sagenfigur mit fünf Buchstaben, ein A als zweiten und ein T am Ende?"

In de Paus in't Foyer hol mien Fru mi vör, ik harr de Musiker Karamelpapier an'n Kopp smeten. „Kann ja gar ni angahn", sä ik. „Du weeßt doch, dat ik so'n sööten Kram gar ni mag!" – „Darför hest du di denn aver gediegen opföhrt!" geev min Fru trüch.

Den ganzen Akt lang gung mi nun de Sagenfigur mit fiev Bookstaben dörch den Kopp. Ik stemm' beide Fuusten gegen de Stirn, um dat ik beter denken kunn, kreeg aver glieks wedder een Stoot in de Rippen. „Kümm mi nich wedder un klamüster di 'n nieden Dosenöffner ut", sä min Fru, „denk an de düren Korten."

Een Sagenfigur mit fiev Bookstaben . . . Ik smeet een'n bangen Blick op dat Waldhorn, dat sien Best mit Poseidon versöcht harr. De Muskant trock man blots mit de Schullern. Eerst as wi op'n Weg na Hus in de Straatenbahn seeten, full mien Blick op dat Programm, dat mien Fru in de Hand heel. „Faust," reep ik, „A as tweeten, T as letzten!"

„Wo snackst du vun?" fraag mien Fru. „Fehlt di wat, Willy?" sett se bang achteran.

„Nee, nee – nix . . .", sä ik.

Den annern Abend wull ik partout wedder in de Oper. De eerste Reeg vun de Orchesterplätze weer aver al lang verköfft. Wi kregen blots noch Balkonloge, un ik dä bi de ganze Vörstellung nix anners un smeet lütte tosamenknüllte Zettels mit dat Wort „Faust" in't Orchester. Dat gung so lang goot, bit dat een Oppasser an de Logendöör keem un sä, ik schull dat Bombardement op de Künstlers man nalaten, anners muß ik de Oper verlaten.

Siet de Tiet blifft wi abends allermeist to Huus.

Wo de Nordseewellen

Wo de Nordseewellen trecken an den Strand,
wo de geelen Blomen blöht in't gröne Land,
wo de Möwen schrien hell in Stormgebrus,
dar is miene Heimat, dar bün ik to Hus.

Well'n und Wogenruschen weern mien Wegenleed,
un de hogen Dieken sehn mien Kinnertied,
sehn uk all mien Lengen un mien groot Begehr
in de Welt to flegen, över Land un Meer.

Wull hett mi dat Leven all mien Lengen stillt,
hett mi all'ns geven, wat mien Hart erfüllt,
allens is verswunnen, wat mi quäl un dreev,
heff dat Glück wull funnen, doch dat Heimweh bleev.

Heimweh na dat schöne groote Marschenland,
wo de Nordseewellen trecken an den Strand,
wo de Möwen schrien hell in Stormgebrus,
dar is miene Heimat, dar bün ik to Hus.

De Buur un de Düvel

Do weer mal en Buur, de weer so plietsch, dat de Düvel nich gegen em an kunn.

He harr mal wedder sien Dagwark daan un güng so sachten sien Land dal na Huus to. Do seeg he dor op sienen Acker wat glösen, as wenn't glönige Kahlen weren. He güng dor op to, un welkeen seet dor baven op en Hümpel Füür?

En lütten swatten Düvel!

„Wat wullt du dor?“ sä de Buur.

„Ick sitt hier op en Sack vull Geld“, sä de lütte Düvel, „op so veel Gold un Sülver, as du in dien Leven noch nich bi eenanner sehn hest.“

„So“, sä de Buur, „weest ok woll, dat dat mien Land is un dat de Sack vull Geld denn von rechtswegen mi hören deit?“

„Ja“, sä de Düvel, „ick will di wat seggen: wenn du mi twee Johr lang dat Halve afgiffst von dat, wat op dien Land wassen deit, denn saßt du em hebben.“

„Goot“, sä de Buur, „un dat wi dor kenen Striet üm kriegt, wüllt wi dat so maken: wat baven de Grund waßt, dat sall dien sien; wat aver dor ünner waßt, dat höört mi to.“

„Dat is mi recht“, sä de Düvel. Man he wüß nich, dat de Buur dat hele Stück vull Röven seit harr.

As dat nu Harvsttiet weer, do haal de Buur ganz vergnöögt sien Röven ruut un smeet dat Kruut op dat Land. Do stünn de lütte Düvel wedder vör em un sä: „Her mit mien Part!“

„Dor!“ sä de Buur un wies em de gelen Rövenbläder.

Do wörr de Düvel dull un sä: „Eenmal hest du mi ansmeert; man dor will ick di en Sticken vörsteken. Dat anner Johr krieg ick, wat ünner de Grund wassen deit, un du kriggst dat, wat dor baven op wassen deit."

„As du wullt", sä de Buur.

Un as dat wedder an't Seien güng, do sei he dor Weten op. De wüß schöön hooch un dicht, un as he goldgeel stünn, so güng de Buur mit de Seßel hen un sne – ritz ratz – den Weten bet op de Grund af un föhr em in sien Schüün.

Do keem de Düvel un wull sienen Deel halen. Un fünn nix as de elennen Wötteln von den Weten. Do wörr he so dull, dat he in en Muuslock sprüng un gliek dörchsuus bet in de Höll.

Man de Buur lach sik enen in de Fuust un güng hen un graav sik den Sack vull Geld ut sä: „So 'n dummen Düvel!"

De dicke fette Pannkoken

Do sünd mal dree ole Wiever west, de hebbt geern Pannkoken eten wullt. Do gifft de erste ’n Ei dorto her, de tweete gifft Melk, de drütte Fett un Mehl. As de dicke fette Pannkoken fardig ist, richt he sik in de Pann in de Hööcht un löppt de dree olen Wiever weg un löppt ümmerto un löppt kantapper, kantapper na’t Holt rin.

Do kümmt em ’n lütten Haas in de Mööt, un de röppt: „Dicke fette Pannkoken, bliev stahn, ick will di freten!“ – De Pannkoken antert: „Ick bün dree ole Wiever utknepen, un sull di, Haas Wippsteert, nich utkniepen?“ un löppt kantapper, kantapper na’t Holt rin.

Do kümmt de Wulf anlopen un röppt: „Dicke fette Pannkoken, bliev stahn, ick will di freten!“ – De Pannkoken antert: „Ick bün dree ole Wiever utknepen, den Haas Wippsteert, un sull di, Wulf Dicksteert, nich utkniepen?“ un löppt kantapper, kantapper na’t Holt rin.

Do kümmt de Zeeg anhüppt un röppt: „Dicke fette Pannkoken, bliev stahn, ick will di freten!“ – De Pannkoken antert:„Ick bün dree ole Wiever utknepen, den Haas Wippsteert un Wulf Dicksteert, un sull di, Zeeg Langboort, nicht utkniepen?“ un löppt kantapper, kantapper na’t Holt rin.

Do kümmt ’n Peerd ansprungen un röppt: „Dicke fette Pannkoken, bliev stahn, ick will di freten!“ – De Pannkoken antert: „Ick bün dree ole Wiever utknepen, den Haas Wippsteert, Wulf Dicksteert, Zeeg Langboort, un sull di Peerd Plattfoot, nich utkniepen?“ un löppt kantapper, kantapper na’t Holt rin.

Do kümmt ’n ool Swien anrennt un röppt: „Dicke fette Pannkoken, bliev stahn, ick will di freten!“ – De Pannkoken antert: „Ick bün dree ole Wiever utknepen, den Haas Wippsteert, Wulf Dicksteert, Zeeg Langboort, Peerd Plattfoot, un sull di, Swien Kringelsteert, nich ok utkniepen?" un löppt kantapper, kantapper na't Holt rin.

Do kaamt dor dree Kinner, de hebbt keenen Vadder un keen Modder mehr, un seggt: „Leve Pannkoken, bliev stahn! Wi hebbt noch nix to eten hatt, den ganzen Dag nich." Do hüppt de dicke fette Pannkoken bi de Kinner in' Korf un lett sik von jem eten.

De veer Bremer Stadtmuskanten

En olen Esel, de nich mehr recht to sien Arbeit de Kraft harr, höör mal op en Avend, dat de Möller, wat sien Herr weer, den annern Dag mit em na 'n Schinner wull. Un wiel nu elkeen ool Esel vör den Dood Bang hett, neih he över Nacht ut. Ünnerwegens dreep he en olen Jachdhund, de leeg an 'n Weg un japp un jank, as wenn he dootmööd weer.

„Na, Packan, wat schaadt di denn? Wat hest denn to jappen un to janken?" fröög de Esel. „Och, och, och", stöhn de Hund, „wiel ick oolt worrn bün, hett mien Herr, de Holtvaagt, mi morgen in enen Dag dootscheten wullt, un do bün ick utknepen; aver wat nu, mien gode Esel?"

„Je, je, je", anter de Esel un wackel mit de langen Ohren, „weeßt du, ick heff al dacht, ick wull man na Bremen un Stadtmuskant warrn. Ick speel op de Klamp, dat deit upstunns elkeen Esel, un du – du kannst ja denn de grote Pauk slaan, wiel du ja von Natur nich so musikalisch büst."

„Dat is ok wohr", sä de Hund un keem in de Been; „dat en ool Esel so gode Infäll hebben kann!"

Un de twee Mackers draven tosamen de Landstraat förföötsch wieder. As se an en Krüüzweg kemen, glötern jem dor twee gröne Lichten in de Mööt.

Dat is en Spöök!" sä de Esel un wull stahn blieven.

„Nee, dat is en Katt", sä de Hund.

„Nee, dat is en Kater!" keem en Stimm ut den Busch.

Richtig! Dor seet en ool Kater un maak en Gesicht, as sull dat söben Daag Regen geben.

„Na, wat is di denn för en Luus över de Lebber lopen, ool Kleipoot?" fröög de Hund.

„Ja, segg man", sä de Kater, „wiel ick to fuul un to

oolt un to dick worrn bün un keen Müüs mehr fangen mag, wull mi mien Fru morgen afsüpen, un do heff ick mi dünn maakt; aver wat nu?"

„Kumm man mit, wi gaht na Bremen un wüllt Stadtmuskanten warrn", sä de Esel, „du kannst ja de Vigelien spelen."

Dat gefull den Kater, un he draav mit jem.

As se dörch en lütt Dörp kemen, seet dor över de Hoffport bi en Buernhuus en Hahn un kreih as dull un unklook.

„Man op 'n Tuun!" sä de Esel, „dat is doch noch lang keen Opstahnstiet! Dien Klock bottert woll! Wat hest du denn to kreihen?"

„Och, Minsch – ick wull seggen: Esel!" sä de Hahn, „mien Oolsch will mi morgen den Hals afsnieden un in den Suppenpott steken, un nu will ick jem all noch düchdig argern un kreih de ganze Nacht."

„Kreihhahn, wees keen Schaapskopp! sä de Esel, „kumm man mit na Bremen un warr Stadtmuskant! Wenn wi veer tosamen losballert, steiht ganz Bremen Kopp, un wi hebbt en püük Leven!"

Dat wull de Hahn meist inlüchten, un he güng mit jem in Nacht un Frömm.

So hen na Middernacht kemen de veer Maaten an en groot Holt. Dor wullen se ehr Nachtquartier opslaan. Esel un Hund maken sik ünner en groten Boom lang, de Kater klatter rop, un de Hahn flöög bet baben na de Kroon rin. Ehr de Rotkopp aver dat Höövt ünner de Flünken steek, keek he nochmal in 'n Krink rüm dörch de Nacht. Un do kreeg he en Licht in't Oog, wat so teemlich ut de Mitt von dat grote Holt plinken dee.

„Kinnerlüüd", kreih he daal, „ick seh en Licht, un dor is ok en Huus."

„Oha, denn man op to", meen de Esel, „hier is dat Quartier man wat mau un mies."

„Ja“, sä de Hund, „mi gnurrt ok de Maag al; villicht finn ick noch en paar Knaken mit en Muul vull Fleesch an.“

„Ja“, sä de Kater, „un ik mag en Pott vull Melk.“

De veer Utrieters gungen nu dat Licht in de Mööt. As se in die Nöögd kamen weern, stunnen se vör en Huus, un dörch de Finsterruten kunn de Esel, als de Gröttste, in de Stuuv kieken. Dor seten gräsige Kerls mit Flinten un Sabels üm enen Disch rüm. Un de Disch weer vullpackt mit dat leckerste Eten, dat man sik denken kunn. Den olen Esel leep dat Water in't Muul tosamen as en Waterpütt bi Gewitterregen.

„Wat sühst, Grieskopp?“ fröög de Hahn.

„En groten Disch vull Eten un Drinken. Un Rövers sitt dorbi un slaat sik de Panz vull, dat jem dat Muul schüümt un de Bleß dampt.“

„O Mann, dat wöör wat“, meen de Hund un lick ut.

„Ja, aver wo süllt wi dor bikamen?“ sä de Kater.

Do höllen de veer tokünftigen Bremer Stadtmuskanten en groten Raat, op wat för 'n Wies se de Rövers ut 'n Huus rut un sik sülvst rin un an den leckern Disch bringen kunnen. Op't Enn harrn se wat Plietsches utklamüstert.

De Esel müß sien Vörderbeen op dat Finster setten. De Hund sprung em op'n Pukkel. De Kater klatter op den Hund, un de Hahn flöög den Kater op 'n Kopp. Un nu fungen se mit eens an, jem ehr erste Kunzertproov to geven.

De Esel schreeg, de Hund blaff, de Kater jaul, un de Hahn kreih, as weer de jüngste Dag anbraken.

Un denn jumpen se alltohoop dörch dat Finster rin in de Stuuv, dat dat klötern dee un dat de Wannen dat Bevern kregen.

De Rövers glöven nix anners, as de Düvel kööm in't

Huus un wull jem halen. Se löpen, ahn sick ümtokieken, ut dat Huus rut un rin in Nacht un Holt.

Nu setten sik de veer Maaten an den Disch un slögen sik de Panzen vull, as wenn se bet Bremen dorvon noch hebben sullen. Un as se allens to Bost harrn, seeg elkeen to, woneem he en Slaapsted finnen kunn. De Edel maak sik op 'n Meß lang, de Hund achter de Döör, de Kater op 'n Heerd in de warme Asch, un de Hahn flöög op den Dörbalken.

As de Rövers in't Holt sik na en gode Wiel över den Schreck besunnen harrn un ut de Feern sehn deen, dat keen Licht mehr flackern de, meen de Höövtmann:

„Wi harrn uns man nich rutjagen laten schullt. Nu gah mal een trüch un kiek to, wat dor loos is!"

Een Mann güng denn je trüch. Allens weer still. Do sleek he in de Köök un wull Licht maken. Un as he den Kater sien Ogen seeg, meen he, dat weern noch twee glönige Kahlen, un nehm en Swefelsticken un höll den doran.

Hurrjeh! wat bekeem em de Spaß slecht! De Kater sprung em in't Gesicht un pruuß un klei as dull un unklook. De Röver verfeer sik meist do Dood un wull gau ut de Achterdör rut. Dor pett he aver den Hund op 'n Steert. Hau! beet de em in't Been, dat de Tähnen bet op de Knaken gungen. Herrgott von Bentheim, wat schreeg de Kerl un keem koppheister ut de Döör op den Meßbarg to flegen. Dor talps he aver den Esel op den Steert. Un – rumsch! geev em de Esel enen Pedd, dat he sik mit den Achtersten in de Meßjüüch setten de. Un as he op't Enn mit Schriegen un Hulen ut de Achterpoort lööp, kreih em de Hahn von den Dörbalken höhnschen na: „Kikeriki!"

De Röver lööp, wat her kunn, dat em de Tung as en Jackenärmel ut den Hals bummeln dee, as he bi de annern trüch keem.

„Na, wat is?" fröög de Höövtmann.

„Den Düvel ok", stamer un snööv de Keerl, „in de Köök sitt en gräsige Hex, de hett mi mit Füür anspeet un mi mit Düvelsklauen in't Gesicht kleit, un achter de Döör steiht en Kerl mit en Metz, de hett mi in't Been steken; un op'n Hoff liggt en groot, swart Undeert, dat hett mit 'n groten Knüppel op mi loshaut; un baben op't Dack sitt de Düvel sülvst, de rööp mi na: ‚Kiek den Spitzboov! Kiek den Spitzboov!' – Keen teihn Peer bringt mi wedder in dat Huus trüch!" –

Do maken de Rövers, dat se weg kemen un harrn keen Lust mehr, dat ole Huus weddertosehn.

De veer Bremer Stadtmuskanten aver hett dat dor so goot gefullen, dat se gor nich wedder rutgahn sünd.

Un wenn se nich mit de Tiet all dootgahn sünd, denn so leevt se dor vondaag ümmer noch.

Dat Wettlopen twüschen den Hasen un den Swienegel op de lüttje Heid bi Buxtehuud

Düsse Geschicht is lögenhaft to vertellen, Jungens, aver wohr is se doch, denn mien Grootvadder, von den ick se heff, pleeg jümmer, wenn he se mi vörtüderte, dorbi to seggen: „Wohr mutt se doch sien, mien Söhn, anners kunn man se ja nich vertellen!"

De Geschicht hett sick aver so todragen:

Dat weer an enen Sünndagmorgen to Harvsttiet, jüst as de Bookweten blöh: de Sünn weer hellig opgahn an 'n Heven, de Morgenwind güng warm över de Stoppeln, de Larken süngen in de Luft, de Immen sumsen in den Bookweten, un de Lüüd güngen in ehren Sünndagsstaat na de Karken, un all Kreatur weer vergnöögt, un de Swienegel ok.

De Swienegel aver stünn vör sien Döör, harr de Arms ünnerslagen, keek dorbi in den Morgenwind un quinkeleer en lütt Leed vör sick henn, so goot un so slecht, as nu eben an 'n leven Sünndagmorgen en Swienegel to singen pleegt. Indem he nu noch so half lies vör sick hen süng, füll em op eenmal in, he kunn ok woll, wieldess sien Fro de Kinner wüsch un antröck, en beten in't Feld spazeren un tosehn, wo sien Steekröven stünnen. De Steekröven weren aver de nöögsten bi sien Huus, un he pleeg mit sien Familie dorvon to eten, dorüm seeg he se as de sienigen an. Geseggt, gedaan! De Swienegel maak de Huusdöör achter sick to un slöög den Weg na 'n Felln in. He weer noch nich ganz wiet von Huus un wull jüst üm den Slöhnbusch, de dor vör 'n Felln liggt, na den Steekrövenacker dreihn, as em de Haas bemött, de in ähnliche Geschäften utgahn weer, nämlich üm sienen Kohl to besehn.

As de Swienegel den Hasen ansichtig wörr, so bööd he em en fründlichen „Goden Morgen“. De Haas aver, de op sien Wies en vörnehmen Herrn weer un grausam hoochfohrig doorbi, antwoordt nix op den Swienegel sienen Gruß, sünnern sä to den Swienegel, wobi he ’n gewaltig höhnsche Mien annehm: „Wo kummt dat denn, dat du hier al bi so fröhen Morgen in ’n Felln rümlöppst?“

„Ick gah spazeren“, sä de Swienegel.

„Spazeren?“ lach de Haas. „Mi dücht, du kunnst de Been ok woll to beter Dingen bruken!“

Düsse Antwoort verdrööt den Swienegel ungeheuer; denn allens kunn he verdregen, aver op sien Been leet he nix kamen, even wiel se von Natur scheef weern. „Du bildst di woll in“, sä nu den Swienegel to den Hasen, „as wenn du mit dien Been mehr utrichten kannst?“

„Dat denk ick“, sä de Haas.

„Dat kummt op ’n Versöök an“, meen de Swienegel, „ick pareer, wenn wi in de Wett loopt, ick loop di vörbi!“

„Dat is to ’n Lachen, du mit dien scheven Been“, sä de Haas, „aver mienentwegen mag dat sien, wenn du so övergrote Lust hest. Wat gellt de Wett?“

„En gollen Lujedoor un ’n Buddel Branntwien“, sä de Swienegel.

„Annahmen“, spröök de Haas, „sla in, un denn kannt’t glieks losgahn.“

„Nee, so grote Iel hett dat nich“, meen de Swienegel, „ick bün noch ganz nüchtern; eerst will ick to Huus gahn un en beten fröhstücken: in ’n halve Stünn bün ick wedder hier op ’n Platz.“

Dormit güng de Swienegel; denn de Haas weer dat tofreden. Ünnerwegens dach de Swienegel bi sick: „De Haas verlett sick op sien langen Been, aver ick will em woll kriegen. He is twoors en vörnehmen Herr, aver doch man 'n dummen Keerl, un betahlen schall he doch!"

As nu de Swienegel to Huus ankeem, spröök he to sien Fro: „Fro, treck di gau an, du mußt mit mi na 'n Felln hen!"

„Wat gifft dat denn?" sä sien Fro.

„Ick heff mit den Hasen wett üm en gollen Lujedoor un en Buddel Branntwien, ick will mit em in de Wett lopen, un dor schallst du mit dorbi sien".

„Oh, mien Gott, Mann", füng nu den Swienegel sien Fro an to schreen, „büst du nich klook, hest du denn ganz den Verstand verloren? Wo kannst du mit den Hasen in de Wett lopen wullen?"

„Hool dat Muul, Wief!" sä de Swienegel, „dat is mien Saak. Räsonneer nich in Männergeschäften. Marsch, treck di an un denn kumm mit!"

Wat schull den Swienegel sien Fro maken? Se müß woll folgen, se much nu wullen oder nich.

As se nu mitenanner ünnerwegens weern, spröök de Swienegel to sien Fro: „Nu paß op, wat ick seggen will. Sühst du, op den langen Acker, dor wüllt wi unsen Wettloop maken. De Haas löppt nämlich in de een Fööر un ick in de anner, un von baben fangt wie an to lopen. Nu hest du wieder nix to doon, as du stellst di hier ünnen in de Föör, un wenn de Haas op de anner Siet ankummt, so röppst du em entgegen: „Ick bün al hier!"

Dormit weren se bi den Acker anlangt; de Swienegel wies sien Fro ehren Platz an un güng nu den Acker rop. As he baben ankeem, weer de Haas al dor.

„Kann dat losgahn?" sä de Haas.

„Jawoll!" sä de Swienegel. „Denn man to!"

Un dormit stell jeder sick in sien Föör.

De Haas tell: „Haal een! Haal twee! Haal dree!", un

los güng he as en Stormwind den Acker hendal. De Swienegel aver lööp ungefähr man dree Schreed, denn duuk he sick dal in de Föör un bleev ruhig sitten.

As nu de Haas in vullen Lopen ünnen an 'n Acker ankeem, rööp em den Swienegel sien Fro entgegen: „Ick bün all hier!" De Haas stutz un verwunner sick nich wenig: He meen nich anners, as dat weer de Swienegel sülvst, de em dat toröööp; denn bekanntlich süht den Swienegel sien Fro jüst so ut as ehr Mann.

De Haas aver meen: „Dat geiht nich to mit rechen Dingen."

He rööp: „Nochmal gelopen! Wedder üm!"

Un foort güng he wedder as en Stormwind, dat em de Ohren an 'n Kopp flögen. Den Swienegel sien Fro aver bleev ruhig op ehren Platz. As nu de Haas baben ankeem, rööp em de Swienegel entgegen: „Ick bün al hier!"

De Haas aver, ganz uter sick vör Iever, schree:

„Nochmal gelopen! Wedder üm!" „Mi nich to slimm", antwoord de Swienegel, „mienentwegen so oft as du Lust hest."

So lööp de Haas noch dreeunsöbentig Mal, un de Swienegel hööl dat jümmer mit em ut. Allemal, wenn de Haas ünnen oder baben ankeem, sä de Swienegel oder sien Fro:

„Ick bün al hier!"

Ton 'n veerunsöbentigsten Mal aver keem de Haas nich mehr to Enn. Mitten op 'n Acker stört he to Eer, dat Bloot flöög em ut 'n Hals, un he bleev doot op 'n Platz. De Swienegel aver nehm sienen gewunnen Lujedoor un de Buddel Branntwien, rööp sien Fro ut de Föör af, un beid güngen vergnöögt mitenanner na Huus. Un wenn se nich storven sünd, leevt se noch.

So begeev sick dat, dat op de Buxtehuder Heid de Swienegel den Hasen dootlopen hett; un siet de Tiet hett sick dat keen Haas wedder infallen laten, mit en Buxtehuder Swienegel in de Wett to lopen.

De Lehr aver ut düsse Geschicht is eerstens, dat kener, un wenn he sick ok noch so vörnehm dücht, sick schall bikamen laten, över en geringen Mann sick lustig to maken, un weer't ok man en Swienegel; un twetens, dat dat geraden is, wenn ener freet, dat he sick en Fro ut sienen Stand nimmt, un de jüst so utsüht as he sülvst. De also en Swienegel is, de mutt tosehn, dat sien Fro ok en Swienegel is, un so wieder.

De Spinnfru

Sien Vader schick em na 'Viert, dor weer en Heidleen vergeten, de schull he halen. De Weg weer wiet, un de Dag gung to Rauh, dat weer al Nacht, as he dor ankeem. Ganz düüster weer 't nich; wenn ok de Maan ni schien, so grimmel un wimmel dat doch an 'n Heven von Lichter, witt as Wullgras un dorbi blitzblank. Den Weg kenn he ganz genau, kunn em ok tonoot sehn. De Heid leeg dodenstill to beide Sieden, un in de Lunken un twischen den Kratt weer't köhlig un grulig. He harr keen Angst, aver em weer tomoot, as leev he op 'n mal in en anner Welt, de he noch gor ni kenn. Nu keem he op de Hööcht; linker Hand, ünnen an den Beek, stunn de Möhl. Se weer düüster un still, de Lüüd harrn woll Fieravend maakt un weern to Bett gahn. Dicht vör em weer dat Riesenspoor, en depe Lunk, so groot, dat dor woll en bredes Buurhuus in stahn kunn. Dat harr en Soom von Krattbusch, Bram un Heid, in de Merr keken ut dat korte Gras truhartig as Kinnerogen de lütten Knüllblomen, un an den Rand, en beetjen versteken ünner en Quitschenboom, blinker en kolen Born. He kenn düt stille Flach ganz genau, harr dor an Sommerdagen oftins seten un speelt. Hier spökel dat bi Nachttieden, harr sien Grootmoder em vertellt, aver wat man dor sehn oder höört harr, wüß se nich.

He gung lies un langsam un hork op jeden Luut, sien Ogen schulen un söchen, aver dor weer nix to sehn, de ganze Kuul weer bet an den Rand voll von gnetenswarte Nacht. – Still, wat weer dat? En Toon, as wenn in de Feern dat Möhlrad bruust, aver in 'n Tack: hurr, hurr, hurr, hurr! He stunn un hork. De Luut keem nich von de Möhl her, de keem ut dat Riesenspoor vör em. He sleek üm den breden Ekenbusch, de an den Weg stunn – nu müß he de Lunk översehn könen, wenn dor wat to sehn weer. As en Afgrund so swart leeg se vör em, blot dor in 'e Eck bi den Born weer en Schimmer, bleeklich-root, as von wieden en Licht achter en Gardien. Em schudder de Huut, de kolen Gresen trocken em lang den Rüch, un de Hoor kropen em op 'n Kopp; aver he bleev stahn un röög sik nich, he wull weten, wat dor weer. Un nerrn in de Lunk woor 't heller un heller, nu seh he ganz swach, aver na un na ümmer düütlicher en Fru mit en gollen Kroon op ehr flaßgelen Hoor, de loos un lang un luckig över Bost un Schuller fullen. Se harr en Kleed an, fien un root as de Heidbloom, ehr Görtel blitz un blinker, as wenn he von Glas weer. Vör ehr stunn en gollen Spinnrad, un de Flaß an den Wucken seh ut, as weer dat ehr egen Hoor, geel un blank. Ümmer heller woor de Gestalt, toletzt ganz düütlich von Kopp bet to Föten. De lütten slanken Fingern, bleeklich as Appelblööt, weern ümmer in Bewegung, un de Faden, den se spunn, weer fien un blank as en Sünnstrahl. Dor stunn un hung keen Licht un keen Lücht, un dochen weer allens bi ehr rüm hell to sehn: de stille Born, un an sien Kant de Blomen, blau un witt un geel, un op en Tilgen von en Barkenboom seet lütt Geelgöschen un sleep, den Snavel ünner'n Flunk. Dat Rad klung, de smalle Foot danz op un dal, un liesen nück de Kopp.

Den Jung kloppt dat Hart, as wull dat en Lock dör de Rippen hamern un rutspringen. Sien Angst weer weg; he smeet de Leen an 't Siet un wull hindal. Aver op 'n mal stunn dat Rad still, de schöne Fru heev den Kopp un seh em an. Du grote Gott, wat weer dat för en Gesicht! De Ogen groot, blank un bruun, drömerig un dorbi klook un schelmsch, mit lange, swarte Plinken; de rode Mund stunn even apen, as wull he wat vertellen, in Kinn un de weeklichen Backen weern lütte Kulen, un dochen weer dat Gesicht eernst, fierlich, binah trurig. He stunn un böög sik mit en langen Hals vöröver. Se seh em an, lang un drömerig un deep-denkern: denn worrn de Kulen in 'e Backen en beetjen kruus, de Tähnen blinkern hell achter de roden Lippen, un de Ogen lüchen – se lach em to, aver dat weer man even to sehn, un nück en poormal langsam un liesen mit 'n Kopp.

Un wenn 't dat Leven kost, he müß hindal! He leet den Busch loos, bi den he sik anfaat harr, un störrt mit en poor Sprüng ehr to Föten; he wull ehr de Hand küssen oder wenn't ok man de Soom weer von ehr Kleed, he wull ehr fragen – – aver dor sweev se hin sach as en Fleerling, un ünnern'n Quitschenboom bi den Born, dor wink se em fründlich to, un denn weer se weg. Op de Kneen, beide Arms tohööcht, de Hannen foolt, as wenn he ehr anbeden wull, so leeg he dor en lange, lange Wiel un hööp un luur, se schull wedderkamen, aver se keem nich.

Op 'n mal reep en gruliche Stimm to Sieden in 'n Kratt, de klung as en Jammern un Högen togliek, un wiet in de Feern, woll von de Dannenkoppel her, keem en Antwoort, evenso bang, beverig un dorbi as en Lachen, hönsch un häßlich. De Jung kenn de Stimm ganz goot, dat weern Kattulen. He sprung tohööcht un keek sik biesterig üm, as keem he ut en Droom; Büsch un Bööm stunnen swart un groot dicht bi em rüm, de Steerns blinkern von baven hindal un plinkern em to, ganz anners as sünst. Grulich weer em nu nich mehr, aver em weer so sunnerbor tomoot, as wenn he wat drunken harr, wat den Kopp hitt un duun un dummerig maakt. He wull torüch na baven, aver wüß de Stell, wo he ropkrupen kunn, nicht to finnen, ümmer stunn em en dichten Busch in Wegen; na alle Sieden söch he de Lunk ab – narm en Lock, rund ümher allens towussen mit Slöhndoorn un hogen Ekenkratt. Toletzt sett he sik mööd hin, stütt den Kopp in beide Hannen un sunn. De Dau lee sik koolt op sien barden Fööt, de Kattuul reep denn hier, denn dor, dat ruschel in 'n Kratt, Nachtvagels flogen över em hin, aver he föhl, höör un seh nix, he dach an de schöne Fru mit de gollen Kroon. So leep he in un drömm wieder.

Den annern Morgen funn em sien Vader un bröch em na Huus; he froog em na düt un dat, aver wat he sehn und beleevt harr, sää de Jung nich.

Siet de Nacht weer he drömerig, sunnerbor un gung ümher, as wenn he wat söch; aver he weer dorbi still tofreden, un sien Ogen weern hell un kloor as Engelsogen, de Gott den Herrn alle Daag sehn doot in 't hoge Himmelriek.

* *
*

De Johren gungen liesen över Dörp un Heid, de olen Lüüd leen sik op 'n Karkhoff to Rauh, un de Kinner worrn groot. De Jung aver is en groten Maler worrn, un dat schönnste Bild, wat he maalt hett, is de Königsdochter mit den Spinnwocken. De Lüüd kaamt von wiet un siet, üm dat to sehn; still as in 'e Kark staht se dorvör, un ehr is tomoot, as müssen se dalsacken op de Knee, as müssen se de Königsdochter de Hand küssen oder ok man den Soom von ehr Kleed.

De Snee

De Snee ut 'n Heben
kummt eben, alleben
in Grimmelgewimmel
hendal ut 'n Himmel,
hendal ut de Wulken
as Duben, as Swulken,
as Feddern, as Dun'n
op de Hüüs, op 'n Tuun,
as Dun'n un as Feddern:

Fru Meddern! Fru Meddern!
Herinner! Kruup ünner
un roop alle Kinner!
De Höhner, de Küken!
Schüllt kamen, schüllt kieken!
Schüllt kieken un sehn,
de groten, de kleen'n
alleben, alleben
den Snee ut 'n Heben.

De düre Wiehnachtstid

Fru Meddern wat'n düre Tid!
Och Nawersche dat geit to wiet:
Wo man ok knaust un wo man spart,
Da war keen Dreling öwerwahrt.

Nu kummt Kinjees ok bald int Land,
Denn bradt un backt man allerhand.
De lewen Bratball möt der sin,
Mit Plum un Krinten un Rosin.

Min Man de itt se grausam fett,
Un Eier makt se denn eerst nett,
Un unse Kinner hebbt eer Freud
An Ries mit Sucker un Kannel bestreut.

Un all de schönen Peepernöt,
De se bi't Kartspeel bruken möt. –
Un brune Koken ward der backt,
Un in de blickern Kastens packt.

Un Suckerkoken vör Jehann,
De brune nich verdreegen kann;
Un Nöt un Appeln, de se mag,
Un Eierbrod de heele Dag.

Un Wiehnachtsabend itt man Fisch,
En Fatt mit Karpen op'n Disch,
Un dabi'n Buttel goden Win,
Fru Meddern weet, dat mutt der sin.

Un op dat junge Volk sind Wunsch,
En rechten netten strammen Punsch,

Un dabi'n gude Appeltart,
Dat is noch so na oler Art.

Dat is 'n so von Vörrens wennt,
Dat hett'n ok nich anners kennt,
Un wenn ik mi so recht besinn –
Stickt ok keen Dürigkeit darin.

Een Winterdag

Winterdag is. Een Dag twüschen de Johren. Snee fallt. Fallt un fallt. De Stimm in't Radio mellt: „Starke Schneeverwehungen auf dem Holsteiner Geestrücken. Vom Verkehr abgeschnitten sind Schenefeld und Hohenaspe."

Hohenaspe – dat is een Woord, een Naam, Hogenass... Un ik bün weller Kind un stah dor in Hogenass un schüffel Snee. Een lütte Schooldeern mit dünne, bruune Zöpp, de Sneeschüffel in de Hand, un schüffel den Stieg free vun Greta-Tante ehr Huus na de Dörpsstraat. Sünd Fiern, Wiehnachtsfiern, un ik bün up Besöök bi Greta-Tante.

Greta-Tante steiht an'n Heerd un backt Appelkooken. Buschsprock brennt ünner de iesern Appelkookenpann. Rook stiggt ut'n Schosteen, krüüselt sik in de kloore Winterluft, löppt oeber de Hüüs, oeber de sneewitten Feller un Wischen, oeber de Knicks, de dick vull Snee hangt, oeber den Beek, de ünner sien Sneedeek man liesen gluckert, un oeber den Woold, wa ' de Dannen sik all een dicken Sneemantel ümhungen hebbt. Un nu kummt de Sünn un schient up dat Sneeland, dat dor in Wellen utbreed liggt un glänstert un blenkert, as weern dor luuder Eddelsteen utstreut.

„Mien Deern, rinkommen, Appelkooken eten!" Greta-Tante steiht in de Döör un winkt mi rin. Se is oold. Ehr Hoor sünd witt un kruus, sünd jo wul mal Locken we'n; ehr Oogen hell, waterhell, sünd jo wul mal blau we'n; un ehr Lief is mager, dat swatte Tüüch is ehr veel to wied. Dat swatte Tüüch, dat se nich mehr uttrocken hett, siet ehr Mann, ehr Ott, doot is. Dree Johr nu al.

Un denn sitt wi in de Koek vör den grooten Heerd. Dor hebbt wi den Disch dicht ranraakt, denn an't Finster is't vundaag to koold. So sitt wi dor, Anna, de Koeksch, Willem, de Knecht, ik, de Besöök un Greta-Tante. Se sitt an de Herdsiet, so kann se de Appelkooken in'n Sitten langen. Un natürlich, Harro, de Schäperhund, is ok dorbi. He leggt de Snuut up Greta-Tante ehrn Schoot. „Muß nich bedeln!" Schellt Greta-Tante. „Platt, Harro, platt!" kummandeert se. „Platz heet dat, wenn dat richtig we'n schall", seggt Willem. „Nee, dat heet platt", antert Greta-Tante, „dat kummt vun platt hinleggen. Platt Harro!" Un Harro leggt sik platt an de Eer. Willem seggt gor nix mehr.

Wi langt düchtig to bi de Appelkooken. Dat sünd aber ok welk! Eiergeel un Rosinenoogen, dick un rund. Un dat Fett löppt uns man so lang den Mund. Een Kumm na de anner raakt Greta-Tante vun'n Herd. Willem neiht veerteihn Appelkooken weg, Anna itt negen Stück, Greta-Tante holt bi söß up un ik, ja, ik föhl mi na den veerten Appelkooken al so as de Wulf bi Roodkäppken mit all sien Rumpelsteen in'n Buuk. „De Deern is ut de Stadt", seggt Willem, „de kann nix eten." Greta-Tante schenkt uns hitten Fleederbeersaft in, denn rutscht de Appelkooken beter un för de Warms in 'n Lief is he ok good.

Dorbi seggt se: „Un wat mien ool' lütt Ott weer..." de annern an'n Disch grient. Jedesmal, wenn Greta-Tante so anfangt, denn grient se all. „Wat mien ool' lütt Ott weer", seggt Greta-Tante, „de dät jo ünner twintig Appelkooken nich. Ochott, un denn lehn he sik trüch un sä rech so tofreeden: „Dat hest du moi kaakt, mien Deern." Un in Greta-Tante ehr Oogen stiegt Tranen up. Se duert mi, un dor fraag ik ehr, liekers ik dat al langen weet, fraag ehr nochmal: „Waveel hett he man doch waagen, dien Ott?" Se sleit de Oogen na baben und seggt ganz vull Andacht, so, as wenn se eenen Karkenvers upseggt: „Tweehunnertfiefunföftig Pund. Un so groot weer he un so breed, dat he dörch düsse Döör nich dörchgüng. Un wenn he sien Hannen up'n Disch legg, denn weer de Disch vull." Dat mutt jawul so'n Ries ut'n Hüünengraff west sien, de Keerl! dach ik. Ik harr em nienich sehn un doch, sien Bild stünn mi so kloor vör Oogen, as harr ik em kennt. Greta-Tante ehrn Koenig, de föhr ehr hooch up'n Thron oeber all de annern seet. „Un up de Jagd hett he eenen Hartslag kregen", seggt se un wischt sik de Tranen af.

Dor pultert dat buten. Trina-Nabersch kummt in de Doer. Ehrn wulln Ümhang treckt se fast üm de Schullern, un glieks snoetert se los: „Nee doch ok! Nee doch ok! Wi schöllt jo noch een ganzen Barg Snee kriegen!" – „Hebbt wi jo al", seggt Willem. – „Nee, nee, noch veel duller as nu!" Snoetert se wieder. „De Straat na Schenefeld is al dicht. Un de Postwagen is bi den grooten Steen an de Krüüzung steken bleven. Nu denkt doch blot mol an... o, wat is dat för'n lütte Deern?" fraagt se batz un wiest up mi. „Dat müchst wul weeten", seggt Willem. Greta-Tante smustergrient: „De lütte Deern is hier to Besöök." – „De will uns bi'n Sneefegen helpen", seggt Willem. „Och du!" Muult Trina Nabersch, un denn: „Ja, ik mutt wieder Adjüs Greta!" Un rut is se ut de Döör. „De oole Neeschier", schimpt Willem, „de wull doch blot weeten, wakeen hier to Besöök is." – „Laat ehr man", seggt Greta-Tante, „mien Ott hett ok jümmer seggt, du mußt jedeen so verslieten, as he ist." De Appelkooken hebbt wi rein upeten. Nichmal för den Hund blifft een na. Anna mutt een Mehlpamp anrögen un mit dat letzte Smolt in de Pann extra welk backen för Harro. „Rosinen magst du jo sowieso nich," seggt se, „un Fleesch un Knooken hest du güstern erst satt kreegen."

Na'n Eten bugsiert se mi na de Stuuv rin. Dor mutt ik mi bi den hitten Kachelaben hensetten, Greta-Tante gifft mi een Book in de Hand. O, ik freu mi rech. Lesen mag ik jo to geern! Dor ist dat een Englischbook. „Straight on" heet dat. Greta-Tante seggt, dat heet „Grad ut!" In de School bün ik man eben eerst anfungen mit Englisch. „Du mußt fix englische Bööker lesen," seggt Greta-Tante, „dat du fein englisch lehrst, denn kannst du ok na Amerika un kannst dor een Barg Geld verdeenen." Dat will ik jo gar nicht. „Kiek mal, mien Ott, den heff ik ok ut Amerika mitbröcht," seggt se, „un so'n groten, dicken Keerl harrn se hier up de Geest noch nie nich to sehn kregen."

Nu ja, in Amerika so'n staat'schen Mannskeerl kriegen, as Greta-Tante dor kreegen harr, dat wull ik wul.

Ik bläder in dat Book un kann den Lex nich kloor kriegen. Ik smiet dat ool Book up'n Disch. Een Glück, dat de Hund na de Stuuv rinkummt. He sett sik ganz dicht bi mi hen. „Na, hebbt dien Appelkooken denn ok smeckt?" fraag ik em un strakel em achter de Ohrn. He kiekt mi an, as wull he seggen, ‚jo, fein' un lickt sik üm'n Boort.

„Harro, hebbt se mit di denn ok englisch snackt?" Segg ik. „Straight on! Versteihst dat? Up de Jagd achtern Haasen ran? Grad ut! Straight on! Jo?" Harro lacht mit sien Oogen. „Aber plattdüütsch kannst du beter, nich? Platt hinleggen! Platt Harro!" He leggt sik hen. „Un hochdüütsch kannst du wul gor nich, wat?" De Hund schuult sluupohrig na mi rup. „Sühst wul, dat heff ik mi dacht," segg ik, „du kannst blot plattdüütsch un englisch."

Aber nu will he mi wiesen, dat he noch een ganz annere Spraak kann, de wi alltohoopen nich snacken könnt. Bellen kann he. As wenn dor een Lööv loos is! Ik hool mi de Ohren to. Harro springt an't Finster hoch, as wenn he dor dörch will. Buten löppt de witte Spitz vörbi. Den kann he up'n Dood nich utstahn. De jiffelt em to dull. Aber nu seggt de Spitz gor nix, löppt akuraat in den reingefegten Weg lang un süht in den witten Snee ganz schietig ut, Greta-Tante kummt rin. „Platt!" Kummandeert se, „platt!" – „Sit down!" roop ik. Aber hier helpt keen Plattdüütsch un keen Englisch. Harro is eerst ruhig, as de Spitz em ut de Sicht kummt.

Ik kiek na dat Sneedrieven rut. De Flocken fallt jümmer dichter. Dicke, weeke Flocken, un se fallt schrääg to Eer. De Wind drifft jem. De Stieg na't Huus is al weller tosneet. Greta-Tante slöppt in ehrn Leehnstohl, un de Hund slöppt ok. Beid snorkt se. Beid sünd se oold.

Na'n Tied bimmelt de Huusdöör. Harro springt up, bellt aber nich, jault un kleit mit de Poten an den Süll. Up de Deel steiht een Jäger, hett twee Teckels an de Lien un een dooden Haasen bi de Ohrn. De Jäger süht ut as een Sneemann. De ganze Jack is witt vullsneet un up'n Kopp sien Pelzmütz is as een Sneehoot. De beiden Teckels sünd ok ganz witt. Se schüddelt sik. „Jo, dat kann ik ok man doon", seggt de Jäger un kloppt sik den Snee ut dat Tüüch. Nu hebbt wi 't Sneestüüben ok binnen in't Huus.

„Hier, Greta, ik heff een Haasen schaaten", seggt de Jäger, „den schallst du hebben." – „Wat, büst du bi dat Weller buten we'n? wunnerwarkt Greta-Tante. „Jo, magst wul seggen, 'heff ok man eenen Haasen kregen. 'Weer in Ott sien Jagd," seggt he, Greta-Tante kiekt den Haasen an, as weer he ut 'n Himmel kommen, ut Ott sien Jagd! Se bringt den Haasen na de Koek. De beiden Teckels moet sik up een Footmatt daalleggen, de Jäger pedd nochmal gehöörig sien Fööt af, un denn kummt he na de Stuuv rin, wa he in de Warms glieks so'n rooden Kopp kriggt as een Haseldörper Appel.

Eenen düchtigen „Jägersluck" kriggt he nu inschenkt. „Hett mien Ott ok jümmer kregen, wenn he vun de Jagd keem“, seggt Greta-Tante. „Ja, Ott“, seggt de Jäger, „ik weet noch, as he Jagdkoenig weer, as he den Wulf schaaten harr. Eenmal hebbt wi hier man een Wulf hatt, un wakeen schööt em? Ott.“ Greta-Tante ehr Oogen, de glänstert vull Stolt. Na dat drütte Glas steiht de Jäger up, will na Huus. Harro un de Teckels besnüffelt sich nochmal, denn stampt de Jäger den Goornstieg rünner. „Schast ok bedankt wesen!“ Röppt Greta-Tante em na. „Dor nich för!“ Röppt he trüch, un de Teckels bimmelt mit jemehr Halsbänner.

Anna deckt den Kaffeedisch. Pepernoet un Krintenstuten gifft dat. Un hitten Kaffee ut de blaue Kann, de in de Abenröhr steiht. „Mien lütt Deern“, seggt Greta-Tante to mi, „du kunnst wul mal gau een beten Bux rinholen. So’n lütten Struschen för Ott sien Bild, magst dat?“ Jo, dat will ik jo geern, un so loop ik rut un plück vun de Buxboomkant in’n Vörgaarn een poor Telgen af. Ik mutt den Snee dor eerst rutschüddeln, ganz natt is de Bux. Greta-Tante stellt em in een lütte Vaas an Ott sien Bild up de Kommood. Dat is een Bild ut sien letzten Daag, wa he up Jagd güng. Jägertüüch hett he an, Gewehr oeber de Schuller. He kiekt sik na den Fotografen üm, so’n halben Dreih maakt he as harr em een trüchroopen. He lacht. Un dat is een Lachen, dat ok ut de Oogen kummt. De Oogen hebbt wat an sik, dat’n dor jümmer henkieken mutt. Dat süht een wul: Düsse Mann kunn anner Minschen Moot maaken.

„Du, Greta-Tante“, fraag ik, „wa weer dat, as du em dat eerste Mal bemööt büst, dien Ott?“ Dat is een Fraag. Wat beters harr ik ehr gornich fraagen kunnt. Un as ik een Pepernutt na de anner eet un Greta-Tante een Tass Kaffe na de anner drinkt, dor steiht dat ganze Land Amerika vör mi up, mit all de Utwannerers in den düütschen Club, wa’ se blot plattdüütsch snacken.

Greta-Tante, mit flassen Hoor, un slank, un Ott, een Mann al vun veertig Johr, groot un stark, un he geev Greta-Tante de Hand, un düsse Hand weer so mächtig groot, dat ehr Hand dor ganz binnen verswüünn, un Ott hool ehr Hand fast, langen, un keek ehr in de Oogen. Sien Oogen weern blau un deep, un dor strööm wat na ehr roeber, een warmen Stroom, un he hool jümmer noch ehr Hand un hett ehr een Leben lang nich weller looslaaten.

„Un Dag vör Dag", seggt Greta-Tante, „noch in uns Fierabendstied, as wi oold weern un weller in Sleswig-Holsteen, wenn de Schummerstünn keem, so as nu, denn kreeg Ott mi bi de Hand tofaaten, un so seeten wi beid bet dat düüster weer." Greta-Tante swiggt langen still. Denn seggt se liesen, „he weer een rieken Mann worrn, in Amerika, dat weer he, un wenn he arm west weer, arm un süük, ik harr för em arbeid't, in'n Kohstall as Stalldeern harr ik för em arbeid't. Dat harr ik dohn."

„Un as he doot weer?" fraagt Anna batz dortwüschen. „He is nich doot", seggt Greta-Tante, „he levt. In mien Gedanken un in mien Hart levt he."

Buten is dat ganz düüster worrn. Wi knipst de Lamp an. De Lichtschien fallt ut't Finster rut un maakt den Goorn hell. Sneewellen liggt oeber de Buxboomhecken un de Stieg is nich mehr to sehn. Rein so still is de Welt dar buten un in den Schien vun de Lamp blenkert de ganze Sneegaarn as een Märkenland. So dücht mi dat.

„Dien Kaffee weer aber bannig stark, mi puckert rein dat Hart", seggt Greta-Tante to Anna. Aber Anna meent, nee, de weer nich anners as sünst ok. Greta-Greta geiht an't Finster: „Nu is mien Ott sien Graff tosneet. Un oebermorgen is Neejohr."

„Wat uns dat nee Johr wul bringt?" frogt Anna. „Kann wähn, du warrst Bruut", seggt Greta-Tante, „du büst jo jung. Aber ik bün oold. Dat kunn angahn, ik kumm denn ok in dat Land, wa mien Ott nu is, un dor krieg ik em denn weller bi de Hand tofaaten.“

Anna klappert mit den Deckel vun blaue Kann. „Dor is noch een Tass Kaffee in“, seggt se. „Laat man stahn“, meent Greta-Tante, „de kann Trina kriegen, schall mi mal verlangen, wat de nich nochmal kummt.“

Denn geiht se an’t Schapp, treckt de Schuuv loos un kraamt dorin rüm. Se kriggt een Klock rut. Leggt se up’n Disch. Een gulden Taschenklock. „De will ik mien Brooder man schenken, wat meent ji?“ Ja, wat meent wi dorto? „De schall sik wul hoeggen,“ seggt Anna. Ik roop: „Se geiht jo!“ – „Ja, ik heff se uptrocken“, seggt Greta-Tante. „Mien Brooder schull se eenig al to Wiehnachten hebben. Aber ik kunn mi gor nich rech dorvun trennen. Letzt Nach heff ik mi dat bedacht. Ik bün oold. Beter to Levtieden weggeven, denn weet een, wa’t blifft.“ Se dreiht de Klock in de Hand. Dat Guld blenkert. „Ik will se em man eben roeberbringen,“ seggt se.

„Nu noch?“ roopt Anna un ik beid togliek. „In all den Snee?“ Fraagt Anna. „Jo, wat denn? Dor eben hen? Na anner Siet?“ Seggt Greta-Tante, „dat sneet jo gor nich mehr, kiek doch.“ So is dat. Dat Sneestüüben hett uphöört. Ik segg ieberig: „Laat mi dor doch hengahn!“ – „Nee, nee, de mutt ik em sölben bringen“, schüttkoppt Greta-Tante. Se hangt sik ehr Pelzcape üm un geiht so in’n Hoorenkopp na buten. Ik feeg gau noch den Stieg free na de Straat.

„So’n vigolien’sche Idee, vunavend dor noch roeber,“ seggt Anna, as ik bi ehr in de Koek sitt un Pellkantüffeln afpuul. Anna stoppt Stroh in’n Heerd, Sprock un Törfsooden, un denn stickt se dat mit’n Fidibus an. Dat Füür huult, flink sett se de Pann up Füürlock, kriggt Speck in de Pann, Pellkantüffeln un Zippeln.

„So, nu kann se man kommen“, seggt Anna na’n Tiedlang. Un dor kummt ok een. Ritt de Döör loos, ahn antokloppen, Trina-Nabersch. Upgeregt as een Hehn, sleit de Hannen tosamen un röppt een oebert anner Mal: „Nee doch ok! Nee doch ok! Hebbt ji dat denn gor nich mitkregen?“ Wat denn? Wat denn? Wat ist denn loos? „Greta, o nee, Greta, de...“ un se jammert. „Trina, wat is passeert! Nu snack doch!“ Anna kriggt ehr forsch bi’n Arm tofaaten. Trina jappt na Luft. „Greta is henfullen. Up de Straat.“ – „Wat, utrutscht?“ – „Nee, nich utrutsch. Dat Hart. Dat Hart. Se hett jawul een Hartanfall kregen.“

„Wat? Wa kunn dat angahn?“ „Se hett jawul na ehrn Brooder wullt, un dor vör de Döör, dor is se hinfullen, so in’n Snee, un ehr Brooder hett ehr in’t Huus bröcht un den Dokter haalt. Un de hett ehr forts na’t Krankenhuus föhrt, hett ehr sölben henföhrt in sien Auto. Nee, sowat, nee, sowat!“

Wi stoht boomstill. Greta-Tante, so ut’n Huus gahn un schull nich mehr trüchkommen vundaag? Trina kriggt noch de Tass Kaffee, de letzte ut de blaue Kann. „Waso is denn ehr Broder noch nich hier we’n un hett Bescheed seggt?“ Froogt se. „Nee, du weerst flinker, seggt Willem. Trina drinkt gau de Tass Kaffee ut un hißt denn weller na de Döör to. „Dat mutt ik wiedervertellen, wat hier loos is!“ – „Du schallst nich in’t Dörp rümsludern!“ Vermahnt Anna ehr. „Dat is je keen Sludern,“ verdeffendeert Trina sik, „dat is je de reine Wohrheit, is dat jo!“ Un rut is se ut de Döör.

Wi snackt hen un her. „Wat se man dörchkummt na de Stadt, bi den Snee“, meent Anna. „Dat glööv ik wul“, seggt Willem, „de Sneeploog is al föhrt, heff ik man sehn.“ Anna radelt wieder, wat Greta-Tante düssen Dag ok toveel dohn hett, oder wat se toveel Kaffee drunken hett, oder wat anners wul ehr up Hart slahn is un gediegen, dat se jüst nu mit de Klock loosgahn weer un... un... Harro sliekt sluupohrig rüm, kiekt na't Finster, luustert na de Döör un töövt.

Greta-Tante keem nich weller. Se weern nich dörchkommen na de Stadt. Up'n halben Weg, an den grooten Steen, dor wanehm de Wind vun de Heid her den Snee tohoopenpuusten deit, dor weern se mit'n Auto stekenbleven. Sünd gor nich henkommen na't Krankenhuus. Un Greta-Tante harr't ok nich mehr holpen. Ehr Hart weer stahnbleven. Dor is se in dat Land gahn, wanehm ehr Ort weer un vun dat se glöben dä, dat se ehrn Ott dor weller bi de Hand tofaaten kreeg.

Winterdag is't. Een Dat twüschen de Johren. Snee fallt. Fallt un fallt. De Stimm int Radio mellt: „Starke Schneeverwehungen auf dem Holsteiner Geestrücken. Vom Verkehr abgeschnitten sind Schenefeld und Hohenaspe..."

Regenleed

Regen, Regen, druus,
wi sitt hier warm in 'n Huus!
De Vageln sitt in 'n Boom to kuern,
de Köh, de staht an 'n Wall to schuern:
Regen, Regen, druus,
wi sitt hier warm in 'n Huus!

Regen, Regen, ruusch,
Wat rüükt dat ut den Busch!
De Blööm'n de hangt so slaprig dal,
de Blööm'n de röhrt de Blööd' nich mal:
Regen, Regen, ruusch,
wat rüükt dat ut den Busch!

Regen, Regen, suus
von baben op uns' Huus,
von't Dack hendal in strieken Stroom
un liesen ut den Eschenboom:
Regen, Regen, suus
von baben op uns' Huus!

Regen, Regen, rull,
bit all de Gröben vull!
Denn laat de Wulken övergahn,
laat de Sünn wedderkam'n:
Regen, Regen, rull,
bit all de Gröben vull!

De dumme Schäper an'n Wilseder Barg

Enen Winterdag hödd en Schäper sien Schaap an'n Wilseder Barg. De wiede Heid leeg deep ünner'n witten Snee, un de Machandelbüsch stünnen swatt un eernrst ünner'n griesen Heven. De Ooostenwind güng scharp, un he weih dörch Mantel un Hanschen. De Schäper stütt sick op sienen Stock un grüvel na över sien Leven. – Wo schöön kunn dat wesen, wenn he'n beten mehr Geld harr un nich Sommer- un Winterdag bi Wind un Wedder de Schaap höden müß!

As he so stünn un fröör, do wörr he gewohr, wat een von sien Schaap den Schnee bisiet raak, un an de Stell keek miteens ut dat brune Heidkruut 'n lütt blaue Bloom rut. – „Dat is je gediegen", dach de Schäper un plück de Bloom af. Dat weer 'n blaue Klockenbloom, un as he se in de Hand höll, do hóór he'n fienes Lüden, un dorbi güng de Barg so sachten ut'neen.

De Schäper kunn dor rinkieken un seeg dörch dat Lock in so'n lütte Kamer. Dor güng he rin. Binnen leeg 'n Barg root lüchen Steen, un he pack sick sien Rocktaschen un de Hardertasch vull. Miteens höör he 'n Stimm, de reep: „Vergeet dat Beste nich!" As nu de Schäper sick ganz verbaast ümkeek, do seeg he achter'n lütten Gang deeper in 'n Barg noch 'n lütt Stuuv. Dor lüch dat as helles Sülver. Gau maak he sien Taschen leddig un kreeg de sülvern Steen dor rin. As he ümkehren wull, reep de Stimm wedder: „Vergeet dat Beste nich!" Nu keek he sick wedder üm un seeg dor wieder achter'n Stuuv, noch gröter un so hooch as'n Saal. De aver lüch von luter Guld un Edelsteen. Wedder schütt he sien Taschen ut un stopp se nu bit babenhin vull mit de gollen un bunten Steen, un ok noch sienen Hoot pack he vull, dat he em mit beide Hannen fastholen müß. Un wedder reep de Stimm: „Vergeet dat Beste nich!"

De Stimm meen dormit de blaue Klockenbloom. Dat weer'n Wunnerbloom, de kunn enen rieken Minschen ok noch glücklich maken. De Schäper aver kunn an nix anners mehr denken as an dat rode Guld un an de blanken Steen. He müß je ok mit beide Hannen den Hoot fastholen, un de blaue Bloom, de harr he ganz vergeten, un he nehm se nich mit.

As he aver rut weer ut den Barg, do schööv sick de mit Dunnern wedder to, un as de Schäper nu sienen Kraam ankeek, do weer he steenriek – man bloot von ganz schetterige Flintsteen. Vör Wuut smeet he se weg. Un siet de Tiet is de Gegend üm den Wilseder Barg dor so vull von Steen.

In 'n Kino

Hein un Fietje hefft bi'n Doombummel 'n lütten Glimmer kregen. Se wullt noch nich gliek no Huus un goht in't Kino. Een Reeg vor Hein hett 'n Fro 'n Hoot op mit grote Feddern an. Hein is bang, wat he noher bi den Film nix sehn kann. He tickt de Fro von achtern op de Schuller un seggt:

„Nehmen Se doch mol ehren Bonnie af, ick kann jo gor nix sehn." De Fro dreiht sick um un seggt ganz spitz:

„Erstmal issas kein Bonnie nich, das's 'n Hut, nä. Un denn, will ich Sie man sagen, den nehm ich ab, wennas mir passen tut, nä!"

As de Reklame denn vorbi is un dat losgeiht mit den Film, do dreiht de Ollsch sick um un seggt so von boben dol:

„So, also wenn Sie nu noch mal in 'n höflichen Ton schön bitten tun, denn würd ich vielleicht mein'n Hut doch noch abnehm'n nä."

„Loot man", seggt Fietje to Hein, „dat deit nu nich mehr neudig. Nu heff ick de Olsch ehr Feddern al afsneden."

Ebb un Floot

„Du Hein“, seggt Fietje, „du kannst je so allerhand; kannst ok’n Gedicht moken?“

„Kann ick“, seggt Hein, „paß op:
Wi sitt an de Elv un angelt Boors,
dat Woter geiht uns bit an de Knee.“

„I“, seggt Fietje, „dat riemt sick jo gor nich“!

„Noch nich“, seggt Hein, „noch is Ebb. Ober teuv man, bit de Floot kummt, denn riemt sick dat!“

Clumbumbus

Clumbumbus geiht mol 'n beten an 'n Hoben rum. Do kickt de Keunig grood ut'n Finster.

„Moing, Clumbumbus!“ seggt he.

„Moing, Moing!“ seggt Clumbumbus.

„Na?“ seggt de Keunig. „Wo geiht't?“

„Och, dat geiht so“, seggt Clumbumbus. „Fules Leben. Nix to doon opstunns.“

„Hest denn 'n beten Tiet?“ froogt de Keunig.

„Jo, Tiet heff ick.“

„Wullt mi denn 'n Gefallen doon?“

„Jo, geern. Man to, wat is denn los?“

„Du kunnst mol henfohren un Ameriko entdecken.“

„Minsch, dat is ok wohr“, seggt Clumbumbus. „Dat mook ick!“

He geiht jo nu an Boord, speet sick in de Hannen un seilt los.

As se 'n Tiet op See sünd, seggt de Stüürmann:

„Clumbumbus“, seggt he, „ick seh ümmer noch keen Land.“

„Weet ick“, seggt Clumbumbus, „dat Ei steiht jo ok noch nich.“

Annern Morgen seggt de Stüürmann:

„Clumbumbus, ick seh ümmer noch keen Land!“

„Weet ick“, seggt Clumbumbus, „dat Ei steiht jo ok ümmer noch nich.“

An 'n annern Dag roppt de Stüürmann mit 'n mol:

„Land! Land! Clumbumbus, ick seh Land!“

„Na jo“, seggt Clumbumbus, „weet ick. Dat Ei steiht jo ok al.“

As se dor nu ankoomt, stoht dor jo all de Swatten an Land.

„Halloh!“ roppt Clumbumbus. „Sünd ji de Swatten?“

„Jo“, seggt se. „Wi sünd de Swatten!“

„Denn is ditt hier woll Ameriko?“

„Jo“, seggt se, „ditt is Ameriko.“

„Och, denn sünd ji jo de Amerikoners“, seggt Clumbumbus.

„Jo“, seggt se, „wi sünd de Amerikoners. Denn büst du woll Clumbumbus?“

„Jo, ick bün Clumbumbus.“

„Och, du lebe Tiet!“ seggt se do. „Denn sünd wi nu jo entdeckt. Na, denn helpt dat nich...“

Wat sik dat Volk vertellt

Drievjagd

Mal is dor en grote Drievjagd ween, un dor weern ok en poor Jägers ut de Kreisstadt inlaadt, Dokters un Afkaten un annere Studeerte mehr.

Wat nu Dokter Saß weer, de harr al en poor Mal op de Hasen vörbischaten un dat paß em gor nich. As dor nu wedder en Langohr keem, baller he los un harr ok Glück. He schoot em een Been af. De Haas kunn aver noch lopen, un as de Dokter achterran leep, kreeg he em liekers nich faat.

Do reep he enen von de Drievers, en Daglöhner, un sä:

„Wenn Se em griepen, kriegen Se en Daler!"

De Driever leep achter den Haas ran un de Dokter mit. As se al teemlich nehg ran weern, dä den Dokter dat aver leed üm sien schöön Geld, un he reet de Flint hooch un schoot nochmal.

Aver he harr nich drapen. De Haas maak eerst en poor dulle Sprüng un leep langsam wieder. Un as de beiden wedder nehg ran weern, schoot de Dokter noch mal – un wedder vörbi.

Do reep de Daglöhner: „Wenn Se dat verdammte Scheten nu nich nalaten, kriegt wi den Haas överhaupt nich!"

Wo heet dat hier?

Een Buurn stunn vör sien Hoffpoort. Do keem dor en feines Auto anfohren un heel bi em an. En Mann reet de Döör apen un reep:

„He, Sie dort! Wie heißt es hier?“
„Hier heet dat Goden Dag!“ antwoort de Buur.

Fraag nich, wo de Honnig blifft

Mal harr de Regierung veel Geld nödig, un dat Volk schull dat wedder tohopenbringen. Se leet överall in Stadt un Land grote, bunte Plakaten an de Hüüs un Straten anbringen. Dor weer en grote Imm op to sehn, de droog twischen de Vörbeen en Geldstück un smeet dat in en Spoorbüß. Un baven över stunn in grote Bookstaven: „Spare wie diese Biene!“

Twee Buurn bleven vör so ’n Plakat stahn. Un as se dat en Tietlang bekeken harrn, sä de een: „Aver fraag nich, wo de Honnig blifft!“

Nich so luut!

Mal drepen sik twee Buurn in de Stadt.

„Na, Hans“, reep de een, „di geiht dat wull goot, du büst ja wedder bi Kass’. Ik heff höört, du hest brennt?“

„Nich so luut, Minsch!“ sä Hans, „anner Week doch eerst!“

He kunn nix finnen

Dor is mal en Buur ween, dat weer recht so ’n Bullerback, de sik bi jeden Gelegenheit opregen dä. Nix kunn em gau genoog gahn, un ümmer heel he de Knechten mit Schimpen un Gröhlen in de Gang. So ’n Andrieveree weer nix für de Deensten, un de Arbeit bröch kenen Spaaß mehr.

Nu harr de Buur mal enen nien Knecht kregen, un as de mark, wasück de Wind weih, nehm he sik dat fast vör, den Buurn dat Bullern aftolehren.

Enen Dag weer he in de Schüün an't Arbeiten. Do höör he, dat de Buur na em ropen dä. He leet sik aver nich hören un arbeit ruhig wieder. Ümmer luder worr dat Gröhlen. Toletzt funn de Buur em doch un bölk em an: „Wo drifft du di egentlich rüm? Kumm gau, all de Köh sünd ut de Weid braken. Wi mööt se söken, dat se nich eerst in't Koorn kaamt. Loop! Loop!“

Se lepen dörch dat Dörp in de Feldmark. Ünnerwegens reep de Buur: „Loop du na rechts, denn böög ik links af. Loop to, hool di nich op, nimm de Been in de Hand!“ Un as he al en ganz Enn von den Knecht af weer, reep he noch torüch: „Du mußt se dor söken, wo du se nich vermoden büst!“

De Buur söch de Feldmark links von den Weg af un funn de Köh nich. Do gung he torüch in't Dörp un hööp ja, dat de Knecht de Tieren funnen un wedder op de Weid bröcht harr.

As he to huus anlangen dä un op de Grootdeel keem, do wull he sien Ogen nich truen: Ganz an 'n annern Enn in de düüstere Eck stunn de Knecht un püssel dor wat rüm. Mit en poor lange Schreed weer de Buur bi em un fohr em an: „Nu segg mi blots mal üm allens in de Welt, wat deist du hier twischen de olen Stevel un all dat anner Gerümpel?“

Do meen de Knecht ganz dröög: „De Buur sä doch, ik schull de Köh dor söken, wo ik se nich vermoden dä. Ik heff se hier liekers nich funnen!“

Sien beste Koh

Dat sünd nu al recht 'n paar Jahr her, dar hett sik düsse Geschicht todragen in mien Heimatdörp.

De ole Buer Hans Gniermann seet in de Dönz an'n warmen Aven in sinen kladderigen Backenstohl un töög an sien kladderige Piep. Un dat höör sik meist so an, as harr düsse Piep sik bannig verköölt un 'n gräsigen Bronchialkatharr opsackt. Dat stünk bannig nah Woold un Wisch. Af un an müß he mal in'n Törfkasten spigen.

He les jüst'n Geschicht in' Hannöverschen Kalenner van Hexengloben un sowat. He schimp un schafuter vör sik hen, dat sien Brill nix dögen dee. Darbi seet in de Lamp ünnern Böön man blot 'n Föfteiner Beer; de groten freten em to veel Strom.

Gniermann weer bekannt vanwegen sien Knickerigkeit. Sien Lüüd kregen nich recht wat to spachteln; meisttiet geev dat solten Hering un Pulkantüffeln un sien Lüüd harrn sodenning ünner Dösst to liden, dat bi de Pump buten op'n Hoff alltiet 'n grote Drängelie weer. De annern Buern wulln mit den Giezknaken nich recht wat to doon hebben. Sinen Namen harr he wetgott to recht verdeent.

Op'nmal baller dat an de Finsterrut. De Buer schööt in'n Dutt; binah weer em de Piep wegfullen. „Häh? – Keen is dar buten?" „Hans Gniermann!" rööp dar een, „dien beste Koh is'n Rööv in'n Hals steken bleven!"

De Ol keem in de Been: „Wat? Mien – mien beste Koh? Mien swartbunte Bless? – Den Dunner noch mal!"

Gau söch he sien Tüffeln op'n Dutt und denn slarp he nah buten, nah'n Kohstall röver.

De Köh harrn sik de Reeg langs daalleggt; se weern jüst bit't Edderkaun und keken rein verwunnert, dat de Buer bi nachslapen Tiet den Middelgang langs to slarpen keem un bi jede Koh nipp wat to kiken harr.

„De verdammten Halvstarken", fung he an to schimpen. „Hebbt mi blot för'n Narren holen, dat Aastüch!" – Un denn tüffel he wedder nah sien warme Dönz röver. As he sik mit Gnurrn un Kwekeln jüst wedder in sinen Backenstohl trechtmusselt harr, keem de ole Meta, sien Hushöllersch nah de Dönz rin.

Hans füng forts an to schimpen, aver bi Meta lööp gau mal son lütjen Grientje üm Nees un Ogen rüm. „Och so", see se man. „Mit'n Schacht mööt se welk hebben!" gnadder de Ool wider. „De olen Flöötzen hebbt sik nich genog utarbeidt!"

Meta streek sik mal över'n Platen: „Och wat! Kannst' ok kenen Spaaß verdregen, ole Suerputt!" – Un denn keek se son beten schuulsch: „Wat ik di noch seggen wull, Hans – vergeet nich, de Pump aftostellen. Dat gifft vannacht scharpen Frost, glööv ik!"

„Häh? – Wat? – Scharpen Frost?" „Ja. – Bring mi man glieks 'n Ammer Water mit!" – Un darmit weer se al ut de Döör rut.

„Vanavend kaam ik jo wull gar nicht to Roh!" füng Hans an to quarken, fummel sien Tüffeln wedder ünner'n Disch rut, slöög sik den Rockkragen bit över de groten Ohrn, güng nah de Köök, lang sik den Ammer van de Waterbank un slarp nah'n Hoffplatz rut nah de Pump röver.

„Oolt Wiewergedröhn!" gnurr he, „dat is doch nich kolt vanabend" Hett blot jümmer wat to punnern, de ole Kluck!" Vergrillt hangt he den Ammer över'n Haken, kriggt den Swengel tofaat un fangt an to pumpen: Jiep! – Jiep! – – De ole Pump jankt ut Hartensgrund nah'n lütt beten Wagensmeer. Op'nmal löppt dat Water baven rut – un schwapp! sünd sien Fööt missennatt!

„Son verdammten Swienkraam!“ fang he luthaals an to flöken. „Wat is denn nu al wedder?“ – He bekickt sik den Schaden – den Pumpenhals, meen ik – und kriggt meist ’n Slagg!

Sien – sien Pump harr wetgott ’n Rööv in’n Hal sitten! – Hans Gniermann schall siendag keen Melk wedder pantscht hebben!

Olet Hart warrd wedder jung

Jan Meier, de Buer op'n Hoff achter'n Scheben Stebel, un sien Alma harrn sik dat suer noog warrn laten. As Knecht un Deenstdeern weern se anfungen, harrn sik nix günnt, de Dalers op'n Dutt kleiht un sik stüttig hochkröpelt. Glieks nah de Hochtiet weern se erstmal mit'n lütte Katenstell togang kamen, twölf Morgen ünner'n Ploog. Sien Arbeit op'n Moor bi de Törfpreß harr he liekers nich opgeven, un sien Alma güng noch to'n Reinmaken bi so'n Lüüd, de beter stellt weern, oder sik dat tominnst inbilln deen.

As jüm ehr eenzigst Söhn, de „nee Jan" ut de School keem, drööp sik dat jüst so, dat se den Hoff achter'n Scheben Stebel köpen kunnen. Op den Dag harr Jan al lang luert.

Sien Alma harr sik dat Knickern sodennig anwennt all de Jahrn, dat se meen, dat müß nu jümmer so wieder gahn. Aver Jan wull dar nu nix mehr van weten: „Bill di man nich in, dat ik nu as Buer mien Leben versuern un vertruern will! Ik heff noch wat nahtohalen!"

Wenn dar wat los weer in't Dörp, Füerwehrball, Sängerball, Spaarklubeten un Maskerat, he müß dar mit bi wesen. Mit so'n schönen Walzer bi Jan Höper op'n Saal de Ecken rein to fegen, dat weer sien gröttst' Vergnögen. Aver sien Alma bleev meisttiet tohuus. Se weer mit de Jahrn so'n beten wat füllig worrn, kunn dat Rümswunken nich mehr af.

„Du geihst jo blot to'n Ball, dat du mit de jungen Froonslüüd rümdalvern kannst!" hööl se em vör.

Un Jan geev ehr dat wedder: „Un du? Du sittst al mit föftig Jahr in'n Backenstohl to müffeln un hest dat gar nich nödig! Kannst di allemal noch sehn laten!"

Blot in een Saak, dar weern se sik eenig: dat ehr Jung

Stina Wulf noch mal freen schull. De harr öllig wat in de Melk to krömen. Aver de Jung harr sik al lang'n annere Deern utsöcht. Un wenn sien Elsbeth ok keen Buerdochter weer, se kunn sik sehn laten, un düchdig weer se ok.

„Nehm du man Stina Wulf!“ kreeg he to höörn. „De Deern hett wat optowiesen un se kummt nich alleen, se sleept ok wat achternah!“

Aver de junge Jan knipper so'n beten mit de Ogen un grien: „Ja, deit se ok! Stina hett nu al hunnertunfiefunveerdig Pund op'n Dutt! Wenn wi Sülvern Hochtiet fiert, kann ik in'n Sommer fein in'n Schatten sitten!“

„Ik weet, op wat för'n Stell mien Vadder teemlich anhaftig is!“ Un to sien Mudder säd he: „Is good, Mudder! Ik gah to'n Füerwehrball un denn will ik mien best doon!“

„Is doch'n grundgoden Jung!“ dach Fru Meier un freu sik. Dat ehr Jung so gediegen darbi grient harr, weer ehr gar nich opfullen. – – –

Füerwehrball bi Jan Höper! De Muskanten hebbt jüst mal Föfteihn maakt, wischt sik den Sweet van'n Kopp un börrnt sik gliekś'n frischen halben Liter Beer to Bost. De Kerls an de Teek möken dat nich anners. De Froonslüüd seten hümpelwies an de Dischen un weern jüst darmit anfungen, stiewen Bohnenkaffe to slappen un Sahnetorte to läpeln. Un darbi keken se jümmerto nah de Jungdeernsiet röver. Wokeen müch dat blot sien, de ranke, slanke Deern mit dat himmelblaue Kleed?

De ole Jan Meier stünn mit sienen Macker Jasper Kühl an de Teek. Dar kreeg Jan de Deern ok spitz un geev sienen Macker 'n lütten Stoot in de Rippen: „Minsch! Jasper! Kiek mal de smucke Deern dar! De hett aver allens op'n Dutt, wat? – Junge, junge! De hett'n Bussen, dar kannst 'n Luus op dootknacken!

Wenn ik Jungkeerl weer, ik harr mi nich lang besunnen!“

„Dat maggst wull seggen, Jan! Wenn di so’n staatsche Deern vör’n Steven krüzen deit, föhlst du di glieks twintig Jahr jünger, nich?“

„Ganz egaal!“ säd Jan Meier, „wenn de Musik wedder anfangen deit, haal ik ehr to’n Danzen!“

He schuul jüst mal nah ehr röver, as he sien Glas Beer vör’n Hals harr un – verjöög sik. Bald harr he sik verslaken! Dat weer jo wull nich to glöben! Aver de Deern harr em tolacht! Em wöör op’nmal ganz annershaftig tomoot. He schuul noch mal nah ehr röver. Se keek em krall in de Ogen un – lach!

Op’nmal harr he vergeten, dat he al de Föftig op’n Puckel dregen dee. He keem sik vör as’n jungen Kerl! Opschoons to sienen Vördeel seggt warrn mutt, dat he rank un slank bleben weer un bi all dat Wrucken un Schoorwarken gar keen Tiet funnen harr, sik’n Smeerbuuk antoschaffen, un de Haar weern em ok nich utgahn.

Jasper, de allens mitkreeg, keek rein verbaast ut de Ogen. Dat kunn aver ok Afgunst wesen sien. He säd: „Minsch! Jan! De Deern hett di tolacht! – Kennt se di villicht?“

„Wat denkst du di? Ik heff de Deern in’n Leben nich sehn! Vandaag to’n erstenmal!“ Un he smeet sik in de Bost, grabbel an sienen Slipps rüm.

Jan keek sienen Macker van de Siet an: „Jan! Jan! Maak mi keen Geschichten! Wenn dien Alma dar Wind van kriegen deit, dat du hier mit’n blootjunge Deern knippögen deist, lött se di nich wedder to’n Ball gahn!“

„Och wat! Wat geiht se nich mit? Hett jo sülvst Schuld! Un denn is dat doch blot harmlosen Kraam!“

„Wenn du klook büst! – Woneem is dien Jung denn? De lött doch sünst keenen Danz utgahn?“

„Mien Jung? – Och! De sitt wull mit Stina Wulf in de Klubstuuv.“

Aver Stina weer gar nich dar. De arme Deern harr Täänpien, seet tohuus mit'n dicke Back, un harr de holle Kuus mit so veel Rum to begöschen versöcht, dat se bilütten sülvst ganz benüsselt inslapen dee.

De nee'e Jan seet in de Gaststuuv un speel Skat, weer aver nich so recht bi de Saak un keek faken nah de Döör, as wenn he op jichdens wat luern dee.

Op'n Saal füng de Musik wedder an to spelen. Jan Meier senior pack sienen Zigarrnstummeln op'n Aschbeker, grabbel sik noch mal an'n Slipps un denn stüer he op de Deern los, möök'n feinen Diener: „Lütt Deern? Wüllt wie beiden dat mal riskiern?“

„Gern!“ keem dat leevlich ut den lütten, söten Mund, un se lach em to mit de krallen, blauen Ogen, dat Jan Meier dat warm över'n Puckel lopen dee. Un denn susen se los.

„De jungen Kerls köönt jo nich Walzer danzen“, meen de Deern, „aver Se hebbt den Swung rut! Dat heff ik sehn un nu mark ik dat ok!“

Jan Meier keem sik vör as'n olen Schinner, den se Peper ünner'n Steert streut harrn. He müch för dull achterutslagen in sien Wäligkeit.

Fru Börgermeister Brookmann harr sik jüst'n gaatlich Stück Ananassahnetorte in'n Mund steken, as de beiden bi ehr an'n Disch vörbi küseln deen. Se weer sodennig verbaast, dat se dat Quosen vergeet un mit apen Mund achter de beiden ran kieken dee. De Börgermeister schuul ehr van de Siet an un sääd mit'n Grientje üm de Nees un Ogen: „Mudder! Maak dien Fudderluk dicht, sünst trudelt di de Sahnetorte wedder rut, un du hest nasten denn 'n Fettplacken op dat nee Sidenkleed!“

Se quoos den Kraam gau rünner: „Hest du de beiden

sehn? De Kerl kriggt dat wull op siene olen Daag! Kummt wull in de twete Bruusjahrn! He sluukt de Deern rein noch över mit de Ogen! Sowat höört sik doch nich."

De Börgermeister keek nu ok achter de beiden ran, harr so'n Fünkeln in de Ogen, wat sachs wull dar op hendüden kunn, dat he afgünstig weer: „Tjä! Wenn he so'n Chancen hett! Mit so'n ranke, slanke Deern to danzen, dat is'n Vergnögen! Aver mit hunnertuntachentig Pund Lebendgewicht op'n Saal rümtoswunken, dat is'n Stück Arbeit!"

Un denn möök he sik gau ut'n Stoff, harr op'nmal dat Geföhl: dar heff ik mi sachs wull 'n beten to düütlich utlaten.

Aver sien Fru weer dar gar nich ganz achter kamen, harr nu genoog to spekeliern. „Nu kiekt jo blot düssen Pussiermeier an! De ole Kreihhahn schull sik doch fix wat schamen! un de Deern ok! Wat se mit de Ogen kullern deit! Maakt den Kerl noch ganz un gar verrückt! Mutt jo'n dullen Feger sien!"

Fru Börgermeister harr spraken un de annern Froonslüüd an'n Disch menen dat ok un harrn nu för dull wat to kieken un to plücken.

Aver ok jeden Danz huul Jan mit ehr los, un as de Musik Damenwahl utblasen dee, haal se em batz van de Teek weg.

Sowat aver ok! Fru Börgermeister bleev meist de Luft weg!

– Un nu kreeg de Deern sogar 'n Likör spendiert an de Teek! Darbi harrn de beiden jümmer de Köpp neeg bi'nanner!

„Dat Theater kiek ik mi nich mehr lang mit an!" grummel se twüschen de drütten Tään dörch un hau mit de Fuust op'n Disch, dat de Kaffeetassen dat Hübben kreken. „is jo'n Schande wert!"

As de Deern nah buten güng, un Jan Meier 'n lüttjen Ogenblick achteran, dar kunn se sik nich mehr bremsen. Se sprüng op: „Nu geiht mi dat aver doch to wiet! De beiden gaht jo wull in'n Gaarn. Dar mutt ik forts achteran! Dat bün ik Alma doch wull schüllig, optopassen!" Un denn benster se nah buten. – – –

Jan Meier harr de Deern üm de Schuller faat, un se lach em to, so recht van Harten, dat he op'nmal de Nachtigall süngen höör. „Wat – wat ist dat doch för'n feine Luft, nich?

Ik glööv, de Lenz is bald dar! De Spreen hebbt em al anmeld. Wenn du'n Ahnung harrst, mien Deern, wat in mi vörgeiht! Dat – dat is op'n Stutz so över mi kamen as'n Fröhjahrsstorm!"

He weer op'nmal Füer un Flamm! Sien olet Hart weer wedder jung worrn. Dat Geföhl güng mit em dörch, he kunn't nich mehr dwingen! Jüst, as he de Deern ümfaten wull, stünn sien Jung vör em un grien: „Na, Vadder, weer di dat to stickig op'n Saal? Hest di'n beten afkölen wullt?"

De Ool harr sik doch bannig verjaagt, stamer dar wat her, weer op'n Stutz afkööölt un fünn doch noch de paßlichen Wöör: „Süh! Man goot, dat ik di doch noch drapen do! Ik heff hier'n Deern kennenlehrt, is mi op'nmal as de Lenz in de Mööt kamen. Dar heff ik mi dacht: so'n Swiegerdochter kunnst du di gefallen laten! Ja! Dat meen ik!"

Sien Jung grien, un de Deern ok. De harr sik an den jungen Kerl ransmust un plinker den Olen to: „Worüm nich? Wenn du nix dargegen hest?"

Jan Meier keek so'n beten verdwarrs un dach: de beiden kennt sik al?

Un sien Jung meen: „Den Gefallen wüllt wi di gern doon, Vadder! Dat is nämlich so: Elsbeth is al lang mien Brut! Heff ik di dat nich al mal vertellt?

Dat weer jüst keen klokes Gesicht, wat de Ool opsetten dee: „So so! Dien Brut. Allerhand, wat ik dar to höörn krieg!“

„Na! Vadder! Nu bitt ik di! Hest du doch al lang markt, wat Elsbeth van di wull!“

Dar füng de Ool an to grienen. Wat schull he anners ok wull doon in so’n keddelige Situatschoon. He wüß nu, wat he to doon harr: he geev de beiden jungen Minschen de Hand un säd: „Na klaar heff ik so wat markt! Ik bün doch nich op’n Kopp fullen! – Ik bün inverstahn un Mudder warrd dar wiß nix gegen hebben! – Un nu maakt man, dat ji op’n Saal kamen doot! Ji hebbt jo noch gar kenen Danz mit’nanner hatt!“

Un denn dreih he sik knasch üm un – weer meist mit de Fru Börgermeister tosamenstött. De stünn dar, as wenn se nich bit fief tellen kunn.

Jan Meier lach: „Na, mien gode Aline? Wat seggst du nu? Hebbt wi nich’n goden Gesmack, mien Jung un ik?“

„Dat hebbt ji wiß!“ kreeg he to höörn. Un se droh em mit’n Finger: „Aver’n groten Windbütel büst du doch!“

„Tjä! Dat is nu mal so, Aline“, meen he ernsthaftig, „as Vadder is mi dat nich enerlei, wat ik för’n Swiegerdochter in’t Huus kriegen do! Du mußt weten, af un an fallt för mi jo ok mal’n Söten mit af!“

Un denn güngen se beid op’n Saal, hebbt dar’n Walzer henleggt, kann’k jo seggen, eenfach Klasse! Schall mi keeneen nahseggen, dat ik afstreden heff, pummelige Froonslüüd köönt kenen Walzer danzen! Gaht mal nah Jan Höper to’n Füerwehrball un kiekt ju dat an!

Edderkaun

Lütt Bull weer nu een Johr oolt, harr en runnen, blanken Puckel, un ut de krusen Hoor an 'n Vörkopp draun al lütte Höörn, woll enen Finger lang. Op 'e Weid mank de annern Jitten weer he Baas un dä, wat he wull; aver as he in 'n Harvst op 'n Stall bunnen worr mit Keed un Klaben, müß he kuschen; wull he mal unbannig warrn, geev't wat mit 'n Forkenstööl oder wat grad to Hand weer.

Dat verdroot em un maak em sunnerbor, he fung Grillen un harr bald allerhand Grappen in 'n Kopp. Sien Moder wull em begööschen, kreeg aver en heel snöselige Antwoort. Do sä se:

„Paß op, lütt Jung: wat de goden Daag hebbt liggen laten, dat haalt de Wehdaag noch an't Huus."

Dat arger em, un he stött na ehr, aver se wohr sik.

Op de anner Siet von de Deel stunnen de Peer in en warmen Stall; se worrn ümmer fründlich un sachmödig behannelt, goot fodert, veel striegelt un börst, un all Daag kemen se op Ruum.

Do sett lütt Bull sik in 'n Kopp, he wull en smuck Peerd warrn, ja, en Peerd müß he warrn! – Aver wosaken? He versöch ok, mit 'n Foot to kloppen, wenn he Foder verlang; he müß dat aver opgeben, wenn he sien Klöön beholen wull. Denn maak he de Stimm von't Peerd, de em ümmer as en lustig Lachen klung, so sunnerbor na, dat Köh un Kalver sik verwunnert ümkeken, un sien Moder meen, sien Kopp harr leden, he weer appeldwatsch worrn un översnappt.

Dat mark he sülben: en Peerd worr he op de Aart nich.

As he sehg, dat de Peer ehr Mahltiet nich edderkaut, dach he: aha, dat is't! Nu schall't woll glücken! He freet, wat de Panz laten kunn; denn stell he sik steil hin as de Schimmelruun un röög dat Muul nich, edderkaun wull he ni mehr. Sien Moder, de em ümmer in't Oog harr, froog em, ob em wat fehl, kreeg aver gor keen Antwoort.

Dat duur kenen halven Dag, do weer he ganz buuk un starbenskrank, he müß sik leggen un em weer tomoot, as wenn he bassen schull. Nu worr he pisackt mit allerlei Mitteln achter un vör, em worr wat baden, wat ganz gresig stunk un smeck. Aver wat schull he dorbi doon? Twee Mann helen em den Kopp hooch, un de drütte trichter em dat in 'n Hals – slucken oder sticken, he harr de Wahl. So slook he denn; aver wenn he dat binnen harr, weer he halv doot.

De Medizin holp würklich, he keem wedder to Been, weer aver hellisch klöterig, flau un benaut. Nu leet he sik geern gefallen, dat sien Moder em tröösten un opmuntern dä, ja, he vertell ehr toletzt, wat em von de Fööt bröcht harr, un dat he harr en Peerd warrn wullt.

„En Peerd", brumm se, „*mien* Jung en Peerd? Wat för 'n narrschen Infall! Büst du ni klook? Nee, Söhn, denn weet ik wat Beters för di: en *Beest* mußt du warrn, en smuckes, starkes Beest! Dat is wat! Hest dor Lust to? Ja? Denn mark di en Woort von dienen Vader, de fiefmal den eersten Pries kregen hett op de Tierschau:

De 'n Beest warrn will, mutt nich vergeten:
Recht wenig denken, düchtig freten
Un na de Mahltiet liggen un rauhn
Un edderkaun! Un edderkaun!"

Stroomgang

De blenkern Scheep den Stroom lank kaamt un gaht.
Dat Water schöölt un schöölt an't Över sünner Laat.
Wo bleev mien Tiet, wo bleev s'? Ick stah un öög
un söök un söök, un weet, ick krieg doch nix nich faat.

De Wulken driebens seilt ümhooch henlank.
Dat ruust un glummt un gluust deepher as Orgelklang.
Wat is dat für en Toon? Mien Hart dat röppt un röppt.
De Stroom geiht op un daal mit Ebb un Floot sien'n Gang.

Krieg

De eerste Luftmine (so'n Wort kennen wi noch gar nich) füll in'n Mai 1940 op de Grenz twüschen Hamborg un Ellerbek. Se radeer den groten Quasthoff ut.

Allens leep hin, wat man Been harr. Un dar, 'neem mal de Hoff so stolt un groot stahn harr, kregen wi wull all en Schuddern öber'n Rüch.

In en lange Reeg dat Veeh mit'n opdreben Liev, praat för den Schinner. Wi keken in't Lerrige, 'neem mal de Kohstall weer, kregen keen Wöör mehr rut, as wi dar stünnen, 'neem Stünnen vörher de Knecht in sienen lütten Verslag seten harr.

Vun't Vöörhuus weer de een Ständer stahnbleben. In de splittern Balkenlaag hüng noch dat Bett vun de junge Deern. Bi't Dalpultern vun Muern un Balkenholt weer dat dar hangen bleben. De Füerwehr harr de junge Deern dar baben ruthaalt.

Düsse Luftmin' weer en Teken för uns. Wi bleben nich mehr in't Bett liggen, wenn dat Alarm geev, wenn de Flak op Wendloh – nich wiet af vun uns – dat Bellen anfüng.

Wi harrn den 6. Mai 1940 en Ladengeschäft übernahmen. Düsse Konzession kunnen wi köpen. Hannes-Unkel Rieken un sien Tille hebbt uns dat Geld borgt. Den ‚Befähigungsnachweis' verlang de Behörde nu vun mi. Ik föhr abends na de Stadt rin un seet wedder op de Schoolbank. In't Labor hanteer ik mit Amylalkohol un Reagenzglöös rüm. Un denn harr ik den Schien. Dar weer jüst vun't ‚Ernährungsministerium' in Berlin en groot Tier in Hamborg, de mit de Kommission de Prüfung afnöhm.

„Es ist gute Arbeit geleistet worden. Eine Arbeit war so außergewöhnlich gut, daß wir vom üblichen

Notenschema abgewichen sind. Frau Magdalena Huckfeldt mußten wir eine 1a geben. Herzlichen Glückwunsch!"

„Danke."

Wi hebbt sogar noch fiert mit Wildbraden un Heidelbeerkompott. Wat dat halbe Huus al wegbombt weer, dat wullen wi an düssen Abend nich weten, hebbt dat eenfach wegschaben.

In de Stratenbahn na Huus hin geev dat Vöralarm. Vullalarm weer, as de beiden letzten Fahrgäst utstegen: Vadder Orgelheide un ik.

Vadder Orgelheide hör to mien Kunden un weer vun Lüneborg kamen. „Kaam mit mi", heff ik em raden, „mien Weg na Huus is nich so wiet. De Flak schütt ja för dull över uns."

„Wat büst du för'n Bangbüx! Ik kaam noch hin na mienen egen Missen. Heff man keen Angst üm mi. Lopen kann ik fix."

Fief Schreed vun sien Huusdöör dreep em dat. Vadder Orgelheide weer nich mehr. In de Nacht flögen bi uns Dören un Finster rut. Wi kemen goot weg.

Mien Mann weer in'n Juli 40 trocken worrn. Bi de Luftwaffe. Morgens Klock veer föhr ik mit mien Rad de eersten Straten af un gööt de Melk in de praatstellten Pütt. In'n Sommer güng dat, wöör ja fröh hell. Abers in'n Winter – wi harrn ja Totalverdunkelung, wenn ik Maand un Steerns nich mittell – weer dat doch en Fummelkraam. Un dat wöör jümmers gefährlicher. Wo weer't eenmal? ... Fro Wegner stünn as en Spöök in ehr open Wagenschuer. Se keek na de ‚Dannenbööm' an' Heben. De Bomber över uns. Op de Wendloh bell de Flak. De Sirenen harrn al lang jault. Üm mi rüm möök dat ‚Klack' – ‚Klack' –. Ik kunn mi üm dat Klacksen nich kümmern, harr keen Tiet. 'keen harr Fro Wegner dat seggt, wat se mi wegrieten schull? Jüst stünn ik blangen ehr in't Wagenschuer, as dat dar, neem ik eben stahn harr, ‚Klack' möök.

Ik heff dat ‚Klackstück' noch un kiek dat männichmal deepdinkern an …

Halwig söben müß dat Peerd futtert warrn. Anschirren, opladen. Nu kemen de annern Straten, de wieder weglegen. För veer Stünnen harr ik morgens en Hölp in'n Laden. Gau, gau! – Ik müß rüm! …

Dat Peerd mutt mien Unrauh föhlt hebben. Ik harr op'n Rönnkamp jüst Fro Peters de Melk na de Holtbood rinbröcht un mi wedder op'n Wagen sett, as dat Peerd mit mi dörchgüng. En felljagen Peerd is slimm, is en ‚Amoklopen', wat nich mehr to bremsen is! Dat Vörbrett vun'n Wagen sprüng as Holtfitschers in mien Gesicht, abers wat noch veel, veel leger weer, op de Straat, op de Garnerstraat, spelen Kinner. Un dat Peerd raas – „Leve Gott!" …

De Kohlenmann Willi Holdorf smeet sik dat Peerd in de Mööt. He hölp mi vun'n Wagen. Ik harr't ok nich mehr kunnt. Wat harr ik all dacht bi de spelen Kinner! … Mien Kind, Mudder ehr folen Hannen, ik weet't nich mehr, w a t allens in mi kott vörbirasen dee.

Kriedwitt – dat Peerd harr sik uttoovt – föhr ik na't Geschäft. De bevern Kneen hebbt dat nich alleen maakt, wat ik opgeev. Ik kunn nich mehr. Peerd un Wagen wöörn verköfft. Dat Geld bröch ik na de Meieree. De Schulden wöörn weniger. –

Luern

Egenardig, eerst nu waag ik, sowat to seggen. Bi anner Gelegenheiten geiht mit dat ok so. Uns Kinner waagt veel mehr, de sünd batz rut. Nu, wo ik bi en Radiolesung – ut Fontane sien Effi Briest – hööрt heff: „... wir sind hinten und vorn umlauert“, kann ik seggen, so is dat. Bestimmt hett de Dichter dat nich nödig, von mi Tostimmung to hebben, sülvst wenn he noch leven dee nich, aver worüm blot will nüms dat togeven, wenn ik oder ’n anner en sowat seggt? Keeneen geiht mit, wenn en rangeiht an de Wahrheit. Af un an seegt ’n Mann Wahrheiten an’n Beerdisch, sleit dobi noch mit de Fuust op’n Disch, aver dat warrt nich so eernst nahmen. Beerdischwahrheiten tellt nich so recht, un de nächste Alldag spöölt doöver hen. Domals, in de Nazizeit, kunn en na so’n Gelegenheiten vermoden sien, en worr anzeigt. En lütt Bemerkung, t. B.: ... den Krieg kööNt wi ja gar nich mehr winnen, de lang al. Ik weet ’n Herrn, de hett sowat in de Stratenbahn luud warrn laten, un de funn sik ’n lütt beten later wegen Wehrkraftzersetzung in Haft.

Wenn ik aver segg, do luert allerwegens wat üm uns rüm, lacht se mit wat ut. Un ik meen liekers, överall wüllt wi to veel, un denn noch op eenmal, ok wenn gar nicht rut is, wat wi uns dat leisten kööNt. Wenn do man nich enerwegens en Reken op uns luert, de wi noch gar nich kennt un de denn nich to betahlen is. „Was du auch immer hast!“ so seggt mien Kinner. Ok Hans will nich hören, wenn ik sodennig kaam. He is tofreden, wenn he mit den Chef trechkummt un ok hier allens löppt. Is dat nu ’n Teken, dat he mööd warrt, ’n beten mööd na dat, wat dat Leven em afverlangt hett?

Un Harald? Uns geiht’t doch good, meent he, wenn

ik mi mal wunner, wieldat wi ümmerlos noch mehr „verwirklichen" wüllt. Un: „Fortschritt is nich optoholen", seggt he, un do kann ik ja nu nix gegenansetten, dat weet ik sülven. Aver dat is nich dat, wat ik meen, wenn ik so wat as dit *Luern* ünnerstrieken do. Överhaupt denk ik faken, de Saken hebbt doch all'n Kehrsiet. So'n volksmundhafte Redensaart as: die Kehrseite der Medaille, de hett doch enerwegens ehren Sinn. Un wat wi dat, wat op de Kehrsiet steiht, ok jümmers nakamen köönt, schall mi mal verlangen. Mi stött ok op, dat se so veel in Saken Atomkraft ünnernehmt, aver wokeen seggt denn, wo de Resten würklich blievt? De Salzstollen –, de schüllt de Entsorgung bringen. Ik verstah dar ja nix von, man mi dücht, do liggt ok so'n Punkt, de luert, un ut mehr as enen Grund.

Besinnen op 1946

In'n Winter 1946 sünd Hans un ik ok noch mal Strietschöh lopen. In'n Maandschien, op Lassens Koppel, de överswemmt un denn 'n Iesbahn weer. Woll wat hoppelig, wieldat de Grasbulten hier un dar dörchkemen, man ümmerhen. Uns Strietschöh weern mit Jutta ehr moderne nich to verglieken. Keen Stevel daran festmaakt. Mien weern sowieso tohuus in de Stadt bi't Utbomben mit wegkamen, ik harr mi welk in't Dörp lehnt. Hans harr sien noch op'n Böhn vörkraamt. Wi hebbt uns anfaat as lütte Kinner, de Küll meist nich markt. Un de Maand schien, as wull he uns wat Godes doon. Ik glööv, wi hebbt uns wunnerbar jung föhlt. Ik tominnst weer dat ja ok. Achteihn. Hans meist teihn Jahren öller. 46 hebbt wi heiraadt, noch in'n Winter, un uns Helga keem an'n 28. Oktober 46. Ja, so fung dat an. Ik bleev op'n Lann. Weer hierher verslaan dörch de Plicht; dat „Plichtjahr"; bleev wat länger, wieldat hier to eten weer un ok för Modder un Vadder in de Stadt wat dobi affull. Man ahn de Afsicht, do en Levensprogramm ut to maken. Aver denn keem Hans eben ut'n Krieg trüch, de Leev keem. Un domit doch mien Levensprogramm.

Hans hett mi vörhen ut de Zeitung 'n Karikatur rutreten, de schull ik man Helga mitschicken. Helga, de grote Kantüffelfründin, de nu Spätzle kaken mutt. To'n Lachen, de Teknung. In'n Delikatessengeschäft steiht in de Mitt von't Schaufinster en Karton as för beste Pralinen, darbin: „Kartoffeln, einzeln vakuumverpackt, Stück 2,– DM". Kantüffeln hebbt to Tiet fix in'n Pries antrocken. Wenn ik bedenk, wo de Minschen domals, na den Krieg, scharenwies hier röverkemen, de Kantüffelfeller natostoppeln. Dat kunnen wi gor nich verlöven. Un oppassen müssen wi ok. Mal weern uns doch drei Stück Sack wegklaut.

Dat du mien Leewsten büst

Dat du mien Leewsten büst,
dat du wol weeßt!
Kumm bie de Nacht,
kumm bie de Nacht,
segg wo du heeßt.

Kumm du um Middernacht,
kumm du Klock een!
Vader slöppt, Moder slöppt,
ick slap alleen.

Klopp an de Kammerdör,
fat an de Klink!
Vader meent, Moder meent,
dat deit de Wind.

Kummt denn de Morgenstern,
kreiht de oll Hahn,
Leewster mien, Leewster mien,
denn möößt du gahn.

Sachen den Gang henlang,
lies' mit de Klink:
Vader meent, Moder meent,
dat deit de Wind.

Klas Hinnerk

Mien Fründ Klas Hinnerk is en goden un en fixen Keerl, aver he hett en Schaden; he dröömt bi helligen Dag un weet beter in Amerika un an den Nordpol bescheed as in sien egen Rebeet.

Is he dor mal op Reisen in de Gegend bi Brokstedt un will avends mit de Iesenbahn na Huus föhren; he weer domals so en Johrer söventein oolt un noch ni wiet in de Welt rümkamen, aver dat wüß he al, dat to 't Reisen Geld hööört. He löhnt sik also gegen en Wall, kriegt sienen lütten Büdel von Mullworpsfell ut de Tasch, schütt dat Geld in de linke Hand un tellt dat wedder in den Büdel rin – ölven un en halven Schüllng! Dor sünd dree Süsselng över. Wat deist du, denkt he: köffst du di en Seidel bairisch Beer oder nimmst du en Botterbroot mit Kees? De Magen harr in düsse Saak dat Woort, un de weer für en Botterbroot mit Kees.

He geiht also in en eenfach Weertshuus rin; dat Botterbroot warrt bröcht, un Klas Hinnerk fraagt, wat dat kosten deit. „Een Schüllng!" seggt de Weert. Süh, denkt he, denn behollst du den Süsselng noch – schaßt mal riev leven un di för en Süsselng Beer köpen.

Dat deit he denn, un de Weert, de graad nix to doon hett, klönnt mit em över düt und dat, un wieldes lett he sik sien Botterbroot un Beer goot smecken.

As de Tiet dor is, geiht he na de Statschoon. Dor weern noch ni veel Lüüd, un he weer de eerst an de Kaß.

„En Billet na Ilenbeck!"

„Ist keine Station!" reep de ool Mann ut sien lütt Kabüüs.

Ik Döösbartel! dach Klas Hinnerk; schaßt dat wedder gootmaken un em ok mit Hoochdüütsch vör de Bost springen – kannst dat jo!

„Sie haben recht!" sää he, „ich meine ein Billet nach Wrist."

„Welche Klasse?"

Klaß? Schock schwere Not, wat wüß he… „Erste Klasse!" floog em dat ut'n Mund. He kunn sik doch ni blameren vör den Mann un sik verraden, dat he nix von Klassen wüß!

De ool Mann keek em mal von de Siet an. „Zwei Mark!" sää he un lang na en Schapp rin.

„Nee, nee!" reep Klas Hinnerk mit en kreevroden Kopp, „de schall 't ni ween, de is mi to düür!" He sprook op 'n mal wedder Plattdüütsch.

„Nun, welche denn – dritte Klasse?"

„Ja!"

„Zehn Schilling!"

Gottloff! dach he, dat hest drapen, Vader sää dat ja: tein Schüllng. He harr sien Geld al in 'e Hand, tellen weer dütmal ni nödig; aver de ool Mann an de Kaß dach anners: he tell dat na un schoov em en Geldstück wedder to: „Das ist ein Sechsling!" sää he.

Nu slaa den Deubel doot! Wat is dat? De ool Süsselng danz em vör de Ogen, un allens dreih sik mit em rüm, as wenn he een mit 'n Hamer vör 'n Kopp kregen harr. He greep in de Tasch un haal sienen Geldbüdel rut, bohr dor mit 'n Finger in rüm kneep un schütt em un kehr em toletzt mit en beverige Hand üm as en Strümp – nix, keen Peen dorin, rein lerrig!

De Mann grien un keek em över de Brill groot an. Dat duur man en ganz lütten Ogenblick, aver Klas Hinnerk keem sik wieldes vör, as wenn he op 'n hellen Middag in de pralle Sünn barfoot op kridewitten Sand stahn dee: he kunn nich ut de Ogen sehn, dat sangel em ünner de Fööt, un de Hoor kropen em op 'n Kopp.

„Sünd Se von hier?“ froog em de Mann op plattdüütsch.

He grüns mal, üm wedder en Lock dör ’n Hals to kriegen. „Nee!“ sää he.

„Hebbt Se denn von Wrist noch wiet to gahn?“

„Een Stunn!“

„Na, denn verbiestern Se man nich, dat warrt düüster hüüt avend – hier!“

„Danke!“ sää Klas Hinnerk lies, nehm gau dat Billet an sik un gung – sien Been weern so stief as twee Pahlen. He harr en Süsselng schenkt kregen an ’e Kaß – wenn dat sien Vader wüß!

„Heda! Hier!“ reep de ool Mann, „Se hebbt Ehren Geldbüdel vergeten!“

Büst du denn ganz in de Blaas verbiestert! dach he un wünsch, de verdreihte Büdel leeg föfftig Foot ünner de Eer; aver dat holp nich, he müß wedder hin un em halen. De Mann seh em an as de Jung den Aap op ’n Nudelkasten oder en Kalv mit fiev Been, he müch em woll för en ganz selten Kreatur holen.

„Dor kommt de Tog – nu sehn Se man to, dat Se mitkaamt!“ sää he.

Klas Hinnerk schoot in en Kupee rin, dat em anwiest woor, as en Heek in de Scheren. Oha! Dat weer överstahn!

„Go’n Dag, mien Söhn!“

He keek sik üm – dor seet achter em de ool Behrnd Harder.

„Wat wullt du denn in Brokstedt?“

„Ik heff wat für mienen Vader bestellt.“

„So, wosaken büst denn herkamen?“

„Ik bün gahn.“

„Dat weer wat – ganz von Ilenbeck her?“

„Nee, dor bün ik mit Gelegenheit herföhrt.“

De ool Mann lach em gootmödig an. „Jawoll, mien

Söhn, nu verstah ik! Na, de poor Schritt von Brokstedt na de Statschoon kunnst du sach gahn, en Wagen harrst hier ok nich opdrieven kunnt."

Klaus Hinnerk beet sik mal op de Lipp – he weer vondaag jawoll ni klook!

„Billette, meine Herren!"

De Lüüd wiesen ehr Billet. Klaus Hinnerk lang ok in de Westentasch – dor weer't nich; in en anner denn – ok nich! He sprung op un grabbel nu alle Taschen dör, de he an 'n Lief harr – dat Billet weer verloren, sogor de Geldbüdel weer weg!

„Stickt dat ok in 't Ünnerfoder – vellich is de Tasch twei", sää ool Behrnd.

Nee, de Taschen weern all heel. Klas Hinnerk weer tomoot, as schull he sik beswiemen.

„Hest doch ni vergeten, een to köpen?" sää Behrnd; „woveel hest betahlt?"

„Tein Schüllng", sää he un schuul den Olen mal unseker an.

„Dat stimmt. Woneem hest dat hinsteken?"

„Ik weet ni genau."

„Dat kommt von de Böker, mien Jung, du studeerst to veel – na, dat findt sik woll noch."

„Woneem wüllt Se hin?" froog de Schaffner.

„Na Wrist."

De Schaffner gung wieder, weer aver gliek wedder dor, as de Tog anholen dee; he wink un bröch em na den Inspektor sien Kontor. „Hier warten!" sää he un gung. Klas Hinnerk weer ganz snaaksch tomoot; he weer trurig un argerlich, dorbi de Kopp so dummerig un dösig – schull dat Glas Beer för 'n Süsselng...

„Na, sittst hier in 't Kaschott?" grien ool Behrnd, de em nakeem.

Klas Hinnerk antwoort nich, em kemen de Tranen in de Ogen.

„Nu, nu, mien Söhn, man ni bang, de Ohren riet se uns noch ni von 'n Kopp! – He hett sien Billet verloren", sää de Ool to den Inspektor, de rintreden dee, „kann he dat ni nabetahlen?"

„Nein, er zahlt für die ganze Bahn, also zwei Taler."

„Dat warrt en düür Taß Tee!" reep de ool Behrnd, „kannt 't nich en beetjen billiger..."

„Hier is dat Billet!" reep Klas Hinnerk un sprung in 'e Hööcht.

„Jung, wo hest dat funnen?"

„Ik heff dat in 't Taschendook inwickelt hatt – süh, dor is mien Büdel ok!"

„W'raftig!" lach ool Behrnd; „aver he seggt gor nix, wenn he an de Eer fallt. Komm, mien Söhn, op den Schreck wöllt wi uns en lütten Bittern nehmen – sowat maakt flau!" Se gungen na de Weertsstuuv rin un drunken en Bittern.

„Een Deel mutt ik di doch noch seggen", sää de Ool, as se ünnerwegens weern. „Achtern Aben mag en Dröömbüdel ja ganz goot ween, aver wenn du op Reisen geihst, denn muß du em in en dröge Eck an 'n Nagel hangen un to Huus laten, sünst verbiesterst du in dien egen Tasch. In de Böker staht gewiß schöne Saken, aver wenn du glöövst, dat du mit ehr Weisheit dör de Welt kamen kannst, so kommt mi dat vör, as wenn en Mann, de den Weg na Viertbeck ni weet, den Wiespahl op de Nack nimmt un nu loostöffelt; ik segg di, he kommt mit sien Wiespahl nich över 'n Hungerkamp, un de Jungs kaamt achter em her as de Kreihen achter de Kattuul. Mark di dat, lütt Jung, du kannst dat bruken!" – – –

„Dat heff ik daan", sää Klas Hinnerk vör enige Daag, as he mi düsse Geschicht vertellen dee, „aver dat is man ni so licht to. Mi geiht dat mit mien Dröömbüdel as mit mien Teckel. Wenn ik avends na mienen Klub gah, denn segg ik to mien Fru: „Trina, sparr de Hund in!“ Denn kommt Kule in de Kinnerstuuv, un ik sliek na de Dänische Straat. Knapp bün ik dor, denn kommt ok mien gode Kule un schuult mi an, as wenn he seggen will: deist mi doch nix, ik kann nich ahn di leven. Denn is de Slüngel op keen Oort wedder loostowarrn. Mien goden Frünnen sünd dor argerlich op un gnurrt mi wat vör, aver wat schall ik dorbi doon? Letzthin sää ik: Lüüd, maakt mi den Hund to en Ehrenmitglied, denn hett he ja en Recht to kamen!

Du schuß mal de Gesichter sehn hebben. As wenn se mi opfreten wullen! Un denn dat Schimpen! Ik mark nu, dat ik en dumm Stück maakt un richtig mien Dröömbüdel mal wedder mitbröcht harr. Nee, nee, dat is ni so licht to! Mien Dröömbüdel kann nich ahn mi leven un ik nich ahn em, wi sünd tosamenwussen. Aver lehrt heff ik doch wat an den Unglücksdag; ik tell mien Geld ümmer tweemal, ehr ik en Botterbroot mit Kees kööp un för ’n Süsselng Beer.“

He grien un keek mi mal mit sien fründlichen Kinnerogen an, as wenn he seggen wull: bün ik nich en groten Slaukopp?

Jawoll, Klas Hinnerk! Du mußt man blot af un an en lütten Bittern nehmen!

Ick wull, wi weer'n noch kleen, Jehann

Ick wull, wi weer'n noch kleen, Jehann,
do weer de Welt so grot!
Wi seten op den Steen, Jehann,
weeßt noch? bie Nahwers Soot.
An' Häben seil' de stille Man',
wi sehgen, wa he leep,
un snacken, wa de Himmel hoch
un wa de Soot wull deep.

Weeßt noch, wa still dat weer, Jehann?
Dar röhr' keen Blatt an' Boom.
So is dat nu ni mehr, Jehann,
as höchstens noch in' Droom.
Och nee, wenn do de Scheper sung,
alleen in 't wiede Feld:
Ni wohr, Jehann, dat weer een Ton!
de eenzige op de Welt.

Mitünner in 'ne Schummertiet,
denn ward mi so to Mot.
Denn löppt mi 't langs den Rügg so hitt,
as domals bie den Soot.
Denn dreih ick mi so hasti üm,
as weer ick nich alleen:
doch allens, wat ick finn, Jehann,
dat is – ick stah un ween.

An de Eck steiht 'n Jung

An de Eck steiht 'n Jung mit 'n Tüdelband,
in de anner' Hand 'n Bodderbrot mit Kees;
wenn he blots nich mit de Been in dat Tüdeln kuumt!
Un dor liggt he ok all lang op de Nees.
Un he rasselt mit 'n Dassel geg'n Kantsteen,
un he bitt sick ganz geheurig op de Tung.
As he opsteiht, seggt he: „Hett nich wehdon!"
Dat is 'n Klacks för so 'n Hamborger Jung!

Klau'n, klau'n, Äppel wüllt wie klau'n,
ruck zuck öber'n Zaun.
Ein jeder aber kann es nicht,
denn es muß verstanden sein.

An de Eck steiht 'n Deern mit 'n Eierkorf,
in de anner' Hand 'n groten Buddel Rum;
wenn se blots nich mit de Eier op das Ploster seilt!
Un dor seggt dat ok all lang „bum-bum".
Un se smit de Eier un den Rum tosomen,
und se seegt: „So 'n Eiergrog den heff ick geern!"
As se opsteiht, seggt se: „Hett nich wehdon!"
Dat is 'n Klacks för so 'n Hamborger Deern!

Hamborg, Lübeck, Bremen

Hamborg, Lübeck, Bremen,
wi wöllt maal enen nehmen!
Stööt an, stööt an! Toeerst op goden Wind,
for all uns Scheep, de buten sünd.

Hamborg, Lübeck, Bremen,
wi wöllt noch enen nehmen!
Kiekt deep in 't Glas bie Nummer twee:
Dat drinkt wi op de depe See!

Hamborg, Lübeck, Bremen,
wi wöllt noch den drütten nehmen!
Staht op un böört de rechte Hand,
dat drinkt wi op uns Waterkant!

Wenn hier ein Pott mit Bohnen steiht

Wenn hier ein Pott mit Bohnen steiht
un dor ein Pott mit Brie,
denn lat ick Brie un Bohnen stahn
un danz mit mien Marie.
Wenn mien Marie nich danzen kann,
denn hett sei scheiwe Bein,
denn treck ick ehr den Kleedrock an,
denn is dat nich to seihn.

Wenn mien oll Fruu mi slagen will,
denn weit ick, wat ick dau,
denn stäk ick sei in 'n Hawersack
un bind em baben tau.
Un wenn sei mi denn bäden deit:
„Ach, leiwe Mann, mak up!"
Denn bind ick em noch faster tau
un sett mi baben up.

He sä mi so vel

He sä mi so vel,
un ik sä em keen Wort,
un all wat ik sä, weer:
Jehann, ik mutt fort!
He sä mi vun Lev
un vun Himmel un Eer,
he sä mi vun allens,
ik weet ni mal mehr!

He sä mi so vel,
un ik sä em keen Wort,
un all wat ik sä, weer:
Jehann, ik mutt fort!
He heel mi de Hann',
un he be mi so dull,
ik schull em doch gut wen,
un ob ik ni wull?

Ik weer je ni bös,
awer sä doch keen Wort,
un all wat ik sä, weer:
Jehann, ik mutt fort!
Nu sitt ik un denk,
un denk jümmer deran,
mi düch, ik muss seggt hebbn:
Wa geern, min Jehann!

Un doch, kumt dat wedder,
so segg ik keen Wort,
un hollt he mi, segg ik:
Jehann, ik mutt fort!

Nachweise

Der Abdruck der in diesen Band aufgenommenen Texte erfolgt – soweit die Rechte nicht frei sind – mit freundlicher Genehmigung der im Autorenverzeichnis genannten Verlage und Rechteinhaber. Das Einholen der Abdruckgenehmigungen erfolgte nach bestem Wissen. Nicht in allen Fällen konnte die Urheberfrage eindeutig geklärt werden. Berechtigte Ansprüche, die dem Verlag bekannt werden, werden nach dem Prinzip der Gleichbehandlung abgegolten.

Die Schreibweise der verschiedenen Autoren konnten – schon aus rechtlichen Gründen – nicht vereinheitlicht werden. Eine Abdruckerlaubnis enthält keine Berechtigung zur orthographischen Überarbeitung. Nur entstellende oder gar nicht mehr gebräuchliche Schreibweisen in urheberrechtlich freien Texten sind behutsam angeglichen worden.

Autorenverzeichnis

Boßdorf, Hermann (geb. 1877 in Hamburg, gest. 1921 in Hamburg). De veer Bremer Stadtmuskanten. Märchen aus der Sammlung der Gebrüder Grimm. Plattdeutsche Übersetzung

Brandt, Magreta (geb. 1915 in Seestermühe, gest. 1992 in Hamburg): Krieg. Aus: Harten-Lena. Husum 1980

Dethleffs, Sophie (geb. 1809 in Heide, gest. 1869 in Heide): De düre Wiehnachtstid. Aus: Gedichte, hrsg. von Michael Töteberg. Heide 1989

Fehrs, Johann Hinrich (geb. 1838 in Mühlenbarbek, gest. 1916 in Itzehoe): De Spinnfru; Edderkaun; Klas Hinnerk. Aus: Sämtliche Werke, Band 1. Hamburg 1986

Fock, Gorch (= Kinau, Johann) (geb. 1880 in Hamburg-Finkenwerder, gest. 1916 in der Skagerrak-Schlacht): Hamburg, Lübeck, Bremen. Aus: Gorch Fock, Hein Koptein: 12 frische, scheune Leeder. Hamburg o. J.

Groth Klaus (geb. 1819 in Heide, gest. 1899 in Kiel): De Welt is rein so Sachen; De Wächter geit to blasen; De Snee; Regenleed; Ick wull, wi weer'n noch kleen, Jehann. Aus: Quickborn. Heide 1998

Kruse, Hinrich (geb. 1916 in Toftlund/Nordschleswig, gest. 1994 in Braak bei Neumünster): Wat sik dat Volk vertellt. Aus: Wat sik dat Volk vertellt, Rendsburg 1953

Mähl, Albert (geb. 1893 in Kiel, gest. 1970 in Hamburg): Stroomgang. Aus: Spraak, du singst: Kleine Lyrik-Anthologie. Itzehoe o. J.

Meyer-Runge, Elisabeth = von Ulmann (geb. 1929 in Kiel, lebt dort): Luern; Besinnen op 1946. Aus: Een Fru von Föfftig. Heide 1988

Müllenhoff, Karl (geb. 1818 in Marne, gest. 1884 in Berlin): De Buur un de Düwel; De dicke fette Pannkoken. Aus: Sagen, Märchen und Lieder aus Schleswig-Holstein und Lauenburg. Kiel 1845

Münster, Gudrun (geb. 1928 in Uetersen, lebt dort): Een Winterdag. Aus: Vun'n Lannen na de Stadt. Husum 1977

Schröder, Wilhelm (geb. 1808 in Oldendorf bei Stade, gest.

1878 in Leipzig). Plattdeutsches Märchen aus der Sammlung der Gebrüder Grimm.

Specht, Fritz (geb. 1891 in Hamburg, gest. 1975 in Wentorf bei Hamburg). Clumbumbus. Aus: Plattdeutsch, wie es nicht im Wörterbuch steht. Frankfurt 1969

Storm, Theodor (geb. 1817 in Husum, gest. 1888 in Hademarschen): Wenn't Abend ward. Aus: Sämtliche Werke, Bd. 1 (Bibliothek Deutscher Klassiker). Frankfurt a. M. 1987

Völker, Fritz (geb. 1902 in Nordschleswig, gest. 1988 in Bad Bevensen): Sien beste Koh. Aus: Zucker un Solt. Uelzen 1977; Hest du goot maakt, Leo! Aus: Keen Strom in de Leitung. Hamburg 1978

Wieben, Wilhelm (geb. 1936 in Hennstedt, Dithmarschen, lebt in Hamburg): Een Abend in de Oper. Plattdeutsche Nachdichtung eines Textes von Willy Breinholst, (c) übersetzt aus dem Dänischen von Werner Lüming (vermittelt durch die Agentur des Rauhen Hauses Hamburg).

Inhalt